Nikola Hollmann & Andrea Slavik

Wanderbare Halden

Die schönsten Revier-Wandertouren
mit Aus- und Weitblick

Bildnachweis

Adobe Stock: © hepasoft: 68, 71, © Maik Meid: 3, © mitifoto: 108, © Marcus Retkowierz: 104/105, © sehbaer_nrw: 134, 138; Hans Blossey: 15; IMAGO Images/ blickwinkel: 37, 44, 80, 128/129; IMAGO Images/imagebroker: 8; IMAGO Images/ CHROMORANGE: 122; picture alliance/dpa/Roland Weihrauch: 21; Jochen Tack: 4/5, 6/7, 20, 24/25, 78, 84/85, 90, 94, 106, 109, 154, 164, 166, 169; Wikipedia: Von Nwischermann - Eigenes Werk, CC BY-SA 4.0; https://commons.wikimedia.org/w/ index.php?curid=91012785: 59, Von Frank Vincentz - Eigenes Werk, CC BY-SA 3.0, https://commons.wikimedia.org/w/index.php?curid=45581182: 52; Stefan Ziese: 17, 29, 32, 38/39, 49, 50/51, 61, 93, 97, 144, 147. Alle anderen Abbildungen stammen von den Autorinnen.

Bibliografische Information der Deutschen Nationalbibliothek
Die Deutsche Nationalbibliothek verzeichnet diese Publikation in der Deutschen Nationalbibliografie; detaillierte bibliografische Daten sind im Internet über portal.dnb.de abrufbar.

Impressum

2. Auflage Mai 2023
Layout und Satz: Birgit Lonsdorfer
Druck und Bindung:
AALEXX Druck Produktion, Thönser Str. 5a, 30938 Burgwedel
Umschlaggestaltung: Guido Klütsch
Umschlagabbildung: Jochen Tack
Hintere Klappe/Autorenfotos:
Andi Werner (links), Birgit Pichler (rechts)
© Klartext Verlag, Essen 2021
Alle Rechte vorbehalten
ISBN 978-3-8375-2381-2

KLARTEXT

Jakob Funke Medien Beteiligungs GmbH & Co. KG
Jakob-Funke-Platz 1, 45127 Essen
info.klartext@funkemedien.de
www.klartext-verlag.de

Legende

 Startpunkt

 Parkplatz

 Kunstobjekt

 Zwischenziel

 Haltestelle

 Kulturstätte

 Zielpunkt

 Aussichtspunkt

 Gastronomie

Inhalt

Wandern auf neuen Bergen

Zwischen Kamp-Lintfort im Westen und Hamm im Osten ist in den vergangenen Jahrzehnten etwas entstanden, was seines Gleichen sucht: Der Mensch hat im alten Kohlerevier an der Ruhr Berge geschaffen und so eine neue Landschaft gestaltet. Mit Weitsicht – im mehrfachen Sinne des Wortes: Die Verantwortlichen haben schon früh damit begonnen, die Bergehalden und Schuttdeponien, die Müllberge und Schlackelagerstätten zu begrünen und den Menschen und der Natur neue Räume zu eröffnen, Aussichtspunkte und Erhebungen aus dem Alltag der Metropole Ruhr.

Berge sind in allen Kulturen und Religionen heilige Orte, und wenn man oben auf der höchsten zugänglichen Halde des Ruhrgebiets steht, auf der Halde Haniel, wenn man am Fuß der Halde die an jedem Wochenende überfüllten Parkplätze hinter sich gelassen hat, dann kann man die Menschen beobachten, die sich erheben aus dem Alltag der Stadt, sich einen Überblick verschaffen, über allem stehen wollen, näher am Himmel. Sie pilgern zu diesen neuen Stätten, sie lieben ihre Berge, streben zu den Gipfeln und können sich nicht sattsehen an ihrem Zuhause da unten. Die meisten von ihnen kennen die Halden noch als die grauen Hügel,

die sie ja bis vor gar nicht so langer Zeit waren. Und jetzt machen es die Menschen wie die Natur: Sie bringen neues Leben auf die ehemals toten Flächen.

Wir glauben, dass es dieses Spannungsfeld zwischen Natur, Kultur und Industrie ist, das die Wanderungen zu den Halden so reizvoll macht. Es liegt eine Verheißung und eine Beruhigung in diesen neuen Bergen: Nach all den Jahren beweist die Natur, dass sie zurückkommt, dass Grün nachhaltiger ist als Grau. Und dass die Politik und die Akteure in der Region verstanden haben, dass ein erfolgreicher Strukturwandel nur gelingt, wenn die Menschen und die Natur im Blick sind.

Die Halden-Wanderungen, die wir in diesem Buch zusammengestellt haben, sind so unterschiedlich wie die Regionen des Ruhrgebiets – die städtische Umgebung der Halde Schurenbach beispielsweise ist mit dem ländlichen niederrheinischen Revier kaum zu vergleichen. Trotzdem gibt es Wanderwege rund um diese urbanen Berge, die fernab jeden Verkehrs begehbar sind. Und eins haben alle gemeinsam: die wieder auferstandene Natur und die Möglichkeit, sich aus dem Alltag der Städte zu erheben.

Glück auf!

Tief im Westen

Vom Kloster Kamp zur Halde Norddeutschland

Zwei Dörfer, deren Entstehung unterschiedlicher nicht sein kann: Kamp, das im 12. Jahrhundert rund um das Zisterzienserkloster entstanden ist, und Lintfort, das erst durch den Zechenbau Anfang des vergangenen Jahrhunderts Bedeutung erlangte. Unsere Wanderung verbindet die beiden Teile der heutigen Stadt Kamp-Lintfort und zeigt Strukturwandel von seiner besten Seite: die seit 20 Jahren renaturierte Halde, die erfolgreiche Umgestaltung des 2012 stillgelegten Zechengeländes zu einer weitläufigen Parklandschaft – und selbst das von den Ordensgemeinschaften inzwischen aufgegebene Kloster führt ein neues inspiriertes Eigenleben. Zwar führt der Weg rund um Lintfort eher durch städtisches Gelände, Kultur und Geschichte sind aber jederzeit greifbar nahe.

4:15 Std.	16,6 km	82 Meter

Start/Ziel: Parkplatz „Terrassengarten" an der Mittelstraße, 47475 Kamp-Lintfort
Wegbeschaffenheit: überwiegend Natur- und Schotterwege
Anreise mit ÖPNV: Bushaltestelle Kloster Kamp
Besonderheiten: Wer die 359 Stufen der Himmelstreppe nicht steil bergauf nehmen möchte, kann auch auf moderateren Serpentinen die Halde erklimmen.

Wegbeschreibung: Vom Parkplatz „Terrassengarten" beginnen wir unsere Wanderung in den

Gärten des Klosters Kamp. Dieses liegt rechts von uns auf dem Hügel und wir gehen parallel zur Straße unterhalb entlang. An der Gabelung wenden wir uns nach rechts und gelangen durch das blaue Tor zum Terrassengarten. Gegenüber durchqueren wir das nächste blaue Tor und zweigen direkt dahinter nach links ab. An der Weggabelung gehen wir auf keinem der befestigten Wege weiter, sondern auf dem schmalen Pfad geradeaus. Wir nehmen die rechte der beiden Möglichkeiten, die uns bis zur Straße führt. Diese überqueren wir und gehen geradeaus weiter.

![Die Klosterkirche]

Die Klosterkirche

Nach der Brücke über die Fossa Eugeniana zweigen wir rechts ab. Nachdem der Weg einen Bogen nach links beschrieben hat, überqueren wir nach rechts die Eyllische Kendel und wandern bis zur Straße, auf der wir uns nach links wenden.

Am Weg

Fossa Eugeniana

Isabella Clara Eugenia, die Statthalterin Spaniens in den Niederlanden, befahl 1626 den Bau eines Kanals zwischen Rhein und Maas. Er sollte die abtrünnigen niederländischen Provinzen vom Handel auf dem Rhein abschneiden. Die Häfen in Amsterdam und Rotterdam sollten so bedeutungslos werden. Gleichzeitig war der Kanal mit seinen 24 Erdschanzen als Verteidigungslinie gedacht. Der Plan ging allerdings nicht auf, sodass die Arbeiten 1629 wiedereingestellt wurden, obwohl der Bau fast fertig war.

Sie führt uns bis zur Eyller Straße, die wir überqueren, um schräg links gegenüber weiterzugehen. Dem Pfad folgen wir leicht rechts in den Wald und an der Kreuzung wenden wir uns nach links. An der Gabelung halten wir uns noch einmal links und erreichen ein kleines Sträßchen, in das wir nach rechts einbiegen. Vor den alten Gemäuern nehmen wir den Pfad nach links, der uns auf den Hügel hinaufführt. Dort gehen wir nach rechts weiter.

So erreichen wir wieder eine kleine Straße, in die wir nach rechts einbiegen. Kurz nach den letzten Häusern zweigt nach links ein Fußweg ab. Dieser führt bis zu einem kleinen Teich und links um ihn herum. Wo die beiden Pfade sich gabeln, halten wir uns links, überqueren den Fußweg und gehen geradeaus weiter – rechts von uns befindet sich ein Gewerbegebiet.

So gelangen wir an einen gepflasterten Fußweg, auf dem wir uns nach links wenden. An der nächsten Kreuzung biegen wir nach rechts ab. An der Max-Planck-Straße wenden wir uns nach links. Sie führt uns durch ein kleines Gewerbegebiet und bis zur Hauptstraße. Diese überqueren wir und wenden uns für etwa 50 Meter nach links, bevor wir nach rechts in „Am Drehmannshof" abbiegen.

Vor einer großen Halle erreichen wir eine Straße, auf der wir nach rechts unter der Autobahn hindurch geradeaus Richtung Halde wandern. Die Straße führt am Ende auf das Gelände der Zeche zu. Kurz davor zweigt nach links ein Fußweg ab, auf dem wir am Fuß der

Am Weg

Halde Norddeutschland

Mit 81 Hektar Fläche gehört die Halde Norddeutschland zu den größeren der Bergehalden. Von ihren 101 Metern Höhe – immerhin 74 Meter über Umgebungsniveau – starten Gleitflieger zu ihren Flügen über den Niederrhein. Und auch sonst geht es recht sportlich zu: Walker, Jogger, Radfahrer, Mountainbiker tummeln sich auf dem 2001 fertiggestellten Berg. Wer Ruhe und Abgeschiedenheit sucht, wird jedoch ebenfalls fündig. Das von der Gruppe OBSERVATORIUM im Jahr 2006 erstellte Kunstwerk „Hallenhaus" mit seiner offenen Stahlkonstruktion greift die landwirtschaftlich und industriell geprägte Architektur der Region auf. Es steht am östlichen Rand der Halde, und von hier aus eröffnet sich eine vielleicht erwartbare und trotzdem überraschende Fernsicht nach Osten bis weit in den Pott hinein und im Süden bis ins nächste Revier, nämlich zu den Halden und Kraftwerken des Rheinischen Braunkohlereviers südlich von Düsseldorf.

Der Thingplatz lädt zum Rasten ein und erinnert eher an ein Amphitheater als an einen Ratsplatz. Die Himmelstreppe wiederum ist so eng, dass Wanderer kaum aneinander vorbeikommen. Hauptdarsteller an den Hängen der Halde ist aber ohnehin die Natur, die sich hier schon seit 20 Jahren wieder ausbreiten kann.

Tipp **„Hoch hinaus"-Führungen**, Dauer: ca. 1:30 Stunde, Preis: 5 Euro pro Person, Anmeldungen: Stadtmarketing der Stadt Neukirchen-Vluyn, 02845/391-230, stadtmarketing@neukirchen-vluyn.de

Friedrich-Heinrich-Zeche

Das Hallenhaus auf dem höchsten Punkt der Halde

Halde bis zur Himmelstreppe gehen können. Wer keine Lust auf die schmale steile Treppe hat, der kann an dem großen Platz, wo die Fahrradständer stehen, die bequeme Asphaltstraße in Serpentinen zum Haldengipfel nehmen.

Nachdem wir das Hallenhaus und den Thingplatz besucht haben, gehen wir auf den Mittelpunkt der Halde zu. Bevor wir einen weiteren aus Steinquadern gestalteten Sitzbereich erreichen, schwenken wir nach rechts auf den Panoramaweg ein.

Am Weg

Friedrich-Heinrich-Zeche und LaGa-Park

Das Bergwerk mit zwei Schächten nahm 1912 den Betrieb mit 835 Beschäftigten auf. Werkssiedlungen, Schulen, Geschäfte, Kirchen: Mit der Zeche entwickelte sich das Dorf Lintfort – fast 9000 Menschen waren in den 1950er-Jahren in dem damals sehr modernen Bergwerk beschäftigt. Ende 2012 war Schicht im Schacht. Das Zechengelände wurde für die Landesgartenschau 2020 aufwendig und geschmackvoll umgestaltet. Den neuen Park verbindet der sogenannte „Wandelweg" an dem Bach „Große Goorley" entlang mit dem Kloster Kamp.

Eisvogel an der Großen Goorley

Gegenüber dem Hallenhaus auf der anderen Seite der Senke nehmen wir den Weg nach rechts – links von uns liegt Kamp-Lintfort. Dieser Weg führt uns in einer Linkskurve eine Etage tiefer, an der Abzweigung gehen wir geradeaus und bleiben auf der gleichen Höhe, bis wir vor einer Bank die steile Rechtskurve nehmen und bergab weiterwandern. So gelangen wir wieder an den Fuß der Halde, wo wir uns nach rechts wenden und auf demselben Weg, auf dem wir vorher gekommen waren, Richtung Kamp-Lintfort zurückwandern.

Blick über die Halde Norddeutschland nach Kamp-Lintfort

Nun wandern wir allerdings auf den Förderturm zu, überqueren die Straße und weiter geradeaus durch den Park auf dem Gelände der ehemaligen Zeche.

Am Ende des Parks gehen wir an der Straße etwa zehn Meter nach links und dann auf der anderen Straßenseite links des Baches auf dem Fußweg. An der Großen Goorley entlang führt uns nun der ausgeschilderte „Wandelweg" zum Kloster Kamp zurück.

Am Weg

Kloster Kamp und der barocke Terrassengarten

Die 1123 gegründete erste Zisterzienserabtei auf deutschsprachigem Boden wurde nicht nur zur Keimzelle der Stadt Kamp, sondern auch zum Zentrum des Zisterzienserordens. Von hier aus gab es im Laufe der Jahrhunderte mehr als 100 Klostergründungen – bis nach Riga reichte der Einfluss des im Mittelalter wohl wichtigsten Zisterzienserklosters überhaupt.

Im Truchsess-Kölnischen Krieg wurde das Kloster Ende des 16. Jahrhunderts zerstört. Knapp einhundert Jahre später wurde es wiederaufgebaut und das Gelände wurde mit dem berühmten Terrassengarten geschmückt. Dieser wurde erst zwischen 1986 und 1990 nach seinem barocken Vorbild auf einer Fläche von 21.700 Quadratmetern neu erschaffen, finanziert von Stadt, Land und Bund.

Nach der Säkularisation 1802 blieb das Kloster verwaist, bis 1954 noch einmal für 50 Jahre Karmeliter-Mönche einzogen. Heute beherbergen die Mauern das „Geistliche und kulturelle Zentrum Kloster Kamp e.V.". Gemeinsam mit dem öffentlichen Garten ist der Klosterberg ein Besuchermagnet.

Informationen zu Führungen, Öffnungszeiten des Cafés und des Museums, aktuellen Veranstaltungen und Ausstellungen gibt es unter: www.kloster-kamp.eu

Abstecher

Altsiedlung

Als Anfang des vergangenen Jahrhunderts die Friedrich-Heinrich-Zeche gebaut wurde, war weit und breit nur „plattes Land". Um Arbeitskräfte anwerben zu können, musste Wohnraum her und der wurde gleich neben der Zeche im Stil der englischen Gartenstadt geplant. Die großzügig und mit vielen Grünflächen angelegten Straßen bieten bis heute eine hohe Wohnqualität.

Wer sich intensiver für die Siedlung interessiert, kann unter www.kamp-lintfort.de einen Flyer für eine informative Runde durch das Viertel herunterladen.

Alt-Siedlung Friedrich Heinrich, Kamp-Lintfort

Gastronomie: diverse Möglichkeiten am Kloster und in der Stadt, allerdings kein Angebot rund um die Halde.

Tour 1

- ▶ Startpunkt
- 📍 Zwischenziel
- 🅿 Parkplatz
- 🍴 Gastronomie
- 🏁 Zielpunkt
- 👁 Aussichtspunkt
- 🎨 Kunstobjekt

Kamp
Kloster Kamp
Terrassengärten
Fossa Eugeniana
B 510
Moerser Straße
Rheurder Str.
Ferdinantenstraße
Wissumer Fleuth
chsberg
Eyller-Straße
Eyller Straße
Deponie
Eyller Berg
Deponie
Eyller Berg
63 m
Vluynbusch
L 474
Eyller Straße
Rayener
Berg
L 491
Rheurdt
Wesel
Geldernsche St.

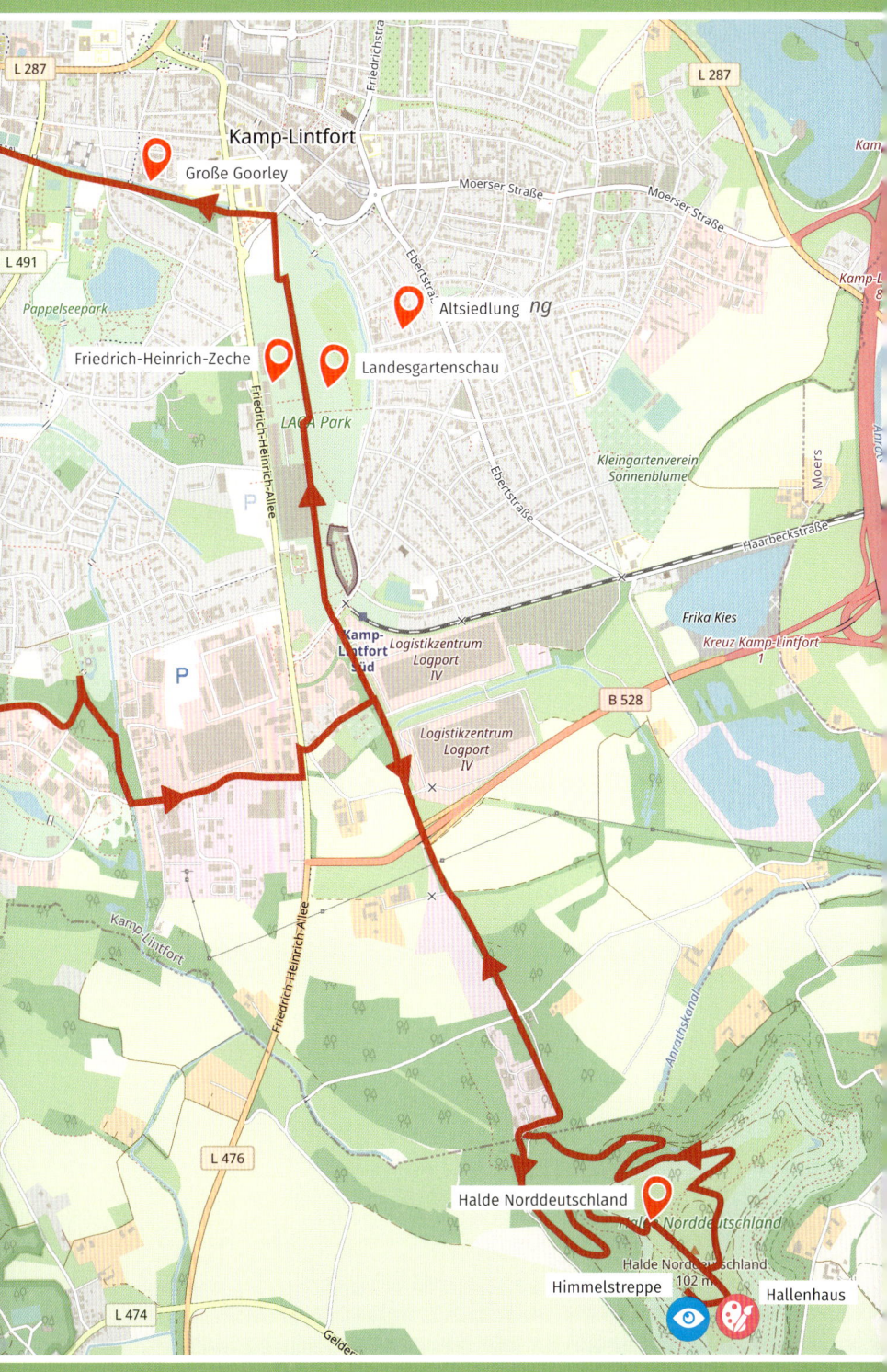

Mit Geleucht

Zwischen Rhein und Rheinpreußen

Wenn man bei Baerl auf den Rheindeich einbiegt, kann man in der Ferne eine der beeindruckendsten Landmarken des Ruhrgebiets sehen: das Geleucht, das seit 2007 auf der Halde Rheinpreußen steht. Aber der Rhein ist keinesfalls ein Nebendarsteller auf dieser Runde. Hier hat sich seine westliche Seite schon aus der Umklammerung der Industrieanlagen gelöst, während man im Osten gegenüber noch das ganze Ausmaß der Industrieregion erahnen kann, auf das man später von der Halde einen ungehinderten Blick hat. Aber diese Wanderung zeigt noch einen weiteren Hauptdarsteller: den Baerler Busch, einen wunderschönen und ausgedehnten Wald, der Ruhe und gute Luft garantiert.

Tour 2

 4:15 Std.   15,3 km   132 Meter

Start/Ziel: Parkplatz Orsoyer Allee 41, 47443 Moers
Wegbeschaffenheit: überwiegend gute Naturwege, ein Viertel Asphaltwege
Anreise mit ÖPNV: Haltestelle Orsoyer Allee
Besonderheiten: Abkürzungsmöglichkeit siehe: Variante

Am Ufer des Waldsees

Wegbeschreibung:

Vom Parkplatz an der Orsoyer Allee gehen wir zunächst geradeaus weiter, bis wir nach rechts die Bahnlinie überqueren können. Dahinter wenden wir uns nach links und beginnen unsere Runde am linken Ufer des Waldsees. Wir können wählen, ob wir oben an der Bahnlinie oder unten direkt am Wasser wandern wollen. Am anderen Ende des Sees nehmen wir an der Gabelung den linken Weg, der leicht bergauf Richtung Autobahn führt. So gelangen wir auf einen Weg, der uns nach links über eine Fußgängerbrücke über die Schnellstraße bringt. Dahinter halten wir uns links und an der Gabelung rechts geradeaus. Auf diese Weise erreichen wir eine T-Kreuzung, an der wir nach links abbiegen. Nachdem wir die nächste Kreuzung überquert haben, gelangen wir wieder an die Orsoyer Allee.

Dort gehen wir schräg links gegenüber für eine kleine Weile parallel zur Autobahn weiter. Schließlich verabschiedet sich der Pfad von der Schnellstraße und wir wählen an der Gabelung den rechten Weg und halten uns dann noch einmal rechts. An einer Kreuzung mit fünf Verzweigungen nehmen wir den zweiten Weg linker Hand, gehen also schräg links weiter.

So erreichen wir nach einer Lichtung eine T-Kreuzung und biegen links ab. Als Nächstes gelangen wir an eine Wegkreuzung direkt

Am Weg

Niederhalener Dorfweg

Die Straße mit diesem Namen führt heute zum Haus Rheinblick und zum Deich und endet dort. Früher einmal verband sie Baerl mit dem kleinen Dorf Halen, das im 16. Jahrhundert den Fluten des Rheins zum Opfer fiel. Der Flurname erinnert noch heute an alle Not und Verluste, die der Strom zu allen Zeiten denen abverlangte, die in seiner Nähe siedelten.

hinter einem Reitweg. Dort biegen wir in den breiten Waldweg nach rechts ein. Diesem folgen wir, bis wir wieder auf die Orsoyer Allee treffen, die uns nach 300 Metern nach links an eine Informationstafel führt. Dort schräg gegenüber zweigt rechts der Schlotweg ab, der uns bis zur Schulstraße leitet. 20 Meter gehen wir hier rechts und nehmen dann gegenüber den Sardmannsbruchweg aufs Feld hinaus. An der Kreuzung biegen wir rechts ab und wandern auf die Kirche zu. Durch ein Vogelschutzgebiet führt uns diese Route bis zur Binsheimer Straße und schräg links gegenüber weiter Richtung Steinschenhof. Bevor wir diesen erreichen, biegen wir allerdings links ab zum Rheindamm. Wir überqueren den Deich und gehen zum Fluss hinunter, an dem wir uns nach rechts wenden, um auf das Geleucht zuzuwandern, das wir nun auf der Halde vor uns sehen können.

Am Rheinufer
in Baerl

Gastronomie

Haus Rheinblick, Duisburg-Baerl, Niederhalener Dorfweg 3,
Telefon 02841/87116, www.rheinblick-baerl.de
Bellini, Duisburg-Baerl, Hubertusstraße 2, Telefon: 02841/87111,
www.bellini-baerl.de
Landbäckerei Baerler Mühle, Duisburg-Baerl, Augustastraße 17,
Telefon 02841/87373

Am Weg
Baerl

Das E im Namen des Dorfes am Rhein ist ein Dehnungs-E, das Wort setzt sich zusammen aus Bar-Lo, was Eberwald heißt. Man kann sich gar nicht vorstellen, dass diese ländliche, linksrheinisch gelegene Idylle zur Großstadt Duisburg gehört. Warum das so ist, warum die Jahrhunderte während Zugehörigkeit nach Moers, nach Kamp und Kleve durch die Gebietsreform 1975 beendet wurde? In Baerl versteht das bis heute niemand. Die frühe Dorfgeschichte liegt eher im Dunkeln, das älteste Gebäude ist die einst der Luzia geweihte, nunmehr protestantische Dorfkirche, die erstmals 1262 erwähnt wurde.

Die beiden Windmühlen sind die Wahrzeichen von Baerl. Sehenswert ist vor allem die in achtkantigem Ziegelbau errichtete Lohmannsmühle. Sie musste nach einem Brand zu Beginn dieses Jahrtausends wiederaufgebaut werden.

An der Gaststätte „Rheinblick" verlassen wir den Rhein und gehen nach rechts auf Baerl zu. Dort wenden wir uns kurz nach links, um gegenüber in die Hubertusstraße einzuschwenken. Wer mag, kann an der nächsten Kreuzung nach rechts abbiegen und einen Abstecher zur Mühle machen. Ansonsten setzen wir unsere Wanderung nach links in die Waldstraße fort. Wo diese in „Am Nellenberg" übergeht, queren wir die Schienen und gehen geradeaus erneut in den Wald. Dort halten wir auf die Autobahn zu, folgen der Kurve nach rechts und nehmen wieder die gleiche Fußgängerbrücke wie vorher.

Die Lohmannsmühle in Baerl

Auto- und Eisenbahn führen unterhalb der Halde über den Rhein

Am Weg

Baerler Busch

Der Baerler Busch, der historisch zum Kirchspiel Baerl gehörte, diente als „Königlicher Forst" einst als Jagdgebiet. Heute gehört der Wald größtenteils zum Stadtgebiet Duisburgs, der Bereich südlich der Autobahn rund um den Waldsee zu Moers. Wegen seines sandigen Untergrunds gilt der Busch als Heidewald. Die beiden Seen, der Lohheidesee und der Waldsee, sind aus Kies- und Sandgruben entstanden. Die beiden Gewässer werden zwar für Wassersport genutzt, baden ist allerdings nicht erlaubt.

Mindestens seit der Eisenzeit ist diese Region nahe des Rheins nachweisbar bewohnt gewesen. Auch die Römer siedelten hier. Heute ist der Baerler Busch ein zum Regionalverband Ruhr gehörendes Naherholungsgebiet. Zahlreiche Bombenkrater zeugen davon, dass das Gebiet rund um den Kohleabbau im Zweiten Weltkrieg ein häufig angegriffenes Ziel war.

Am Waldsee wandern wir wiederum an dessen linkem Ufer auf die Halde zu. Dort, wo rechts von uns die Bucht endet, zweigt ein Weg ab, auf dem wir etwa 40 Meter nach links gehen. Gegenüber dem Zaun wenden wir uns nach rechts und erklimmen dann den Berg, indem wir uns links halten. Auf der ersten Ebene wandern wir links herum, das Geleucht steht nun rechts über uns. Schließlich schwenken wir nach rechts auf den Hauptweg ein, der uns bis zum Gipfel führt.

Auf dem Rückweg nehmen wir nach der steilen Rechtskurve den ersten, ebenfalls breiten Weg, der im spitzen Winkel nach links abzweigt. Er führt uns bis an den See, wo wir vor der alten Badeanstalt nach links abbiegen und nach der Umzäunung den Pfad nach rechts einschlagen, der uns am Ufer entlangführt. Vor den Gebäuden folgen wir dem Pfad weiter am Ufer entlang nach rechts.

Blick über die Wiesen nach Baerl

An der nächsten Kreuzung zweigen wir nach links ab, überqueren die Bahnlinie, schwenken nach links wieder in die Orsoyer Allee ein und kommen so zum Parkplatz zurück.

Variante   Die Orsoyer Allee führt quer durch den Baerler Busch und trifft dabei dreimal auf unsere Route. Wer mag, kann also vom Parkplatz einfach geradeaus gehen, bis er hinter der Autobahn wieder auf den beschriebenen Weg nach links abzweigt. **Die Länge der Wanderung verkürzt sich so um 1,3 Kilometer.** Noch kürzer – nämlich 12,5 Kilometer lang – wird die Runde, wenn wir bis zur Abzweigung in den Schlotweg auf der Allee bleiben.

Tipp
Die Aussichtsplattform des Geleuchts ist geöffnet von April bis Oktober mittwochs, donnerstags, samstags und sonntags von 14 bis 18 Uhr, von November bis März samstags und sonntags von 13 bis 16 Uhr. In Licht getaucht wird das „Geleucht" bei einbrechender Dunkelheit. Von April bis Oktober ist das Kunstwerk bis 23 Uhr und in den Wintermonaten bis 21 Uhr beleuchtet.
Geführte Wanderungen, auch Nachtwanderungen: www.das-geleucht.de

Am Weg

Das Geleucht

Als größtes Montankunstwerk der Welt bezeichnet die Halden-eigene Website www.das-geleucht.de die überdimensionale Grubenlampe auf der Halde Rheinpreußen. Allerdings muss man schon die 103 Meter Höhe der Halde dazu rechnen, um auf die genannte Höhe von 122,60 Metern zu kommen. Die riesige Lampe des Künstlers Otto Piene ist imposant und weckt trotzdem auch ein überraschendes Gefühl von Heimat, ist das Geleucht doch der klassischen Grubenlampe der Bergleute nachempfunden, die seit 1830 verwendet und weiterentwickelt wurde. Beleuchtet wird außer der Lampe ein 8000 Quadratmeter großer Bereich der Halde – der Berg ist dann ganz in rotes Licht gehüllt und von weither zu sehen. Umgekehrt hat man von der zehn Meter hohen Plattform des Geleuchts eine beeindruckende Sicht auf das sich jenseits des Rheins erstreckende Ruhrgebiet.

Die Zeche Rheinpreußen in Moers förderte von 1876 bis 1990 Steinkohle. Trotz der späten Stilllegung war die gleichnamige Abraumhalde eine der ersten, die begrünt und zugänglich gemacht wurde.

Tour

2

 Startpunkt

 Zwischenziel

 Parkplatz

 Gastronomie

 Zielpunkt

 Aussichtspunkt

Kunstobjekt

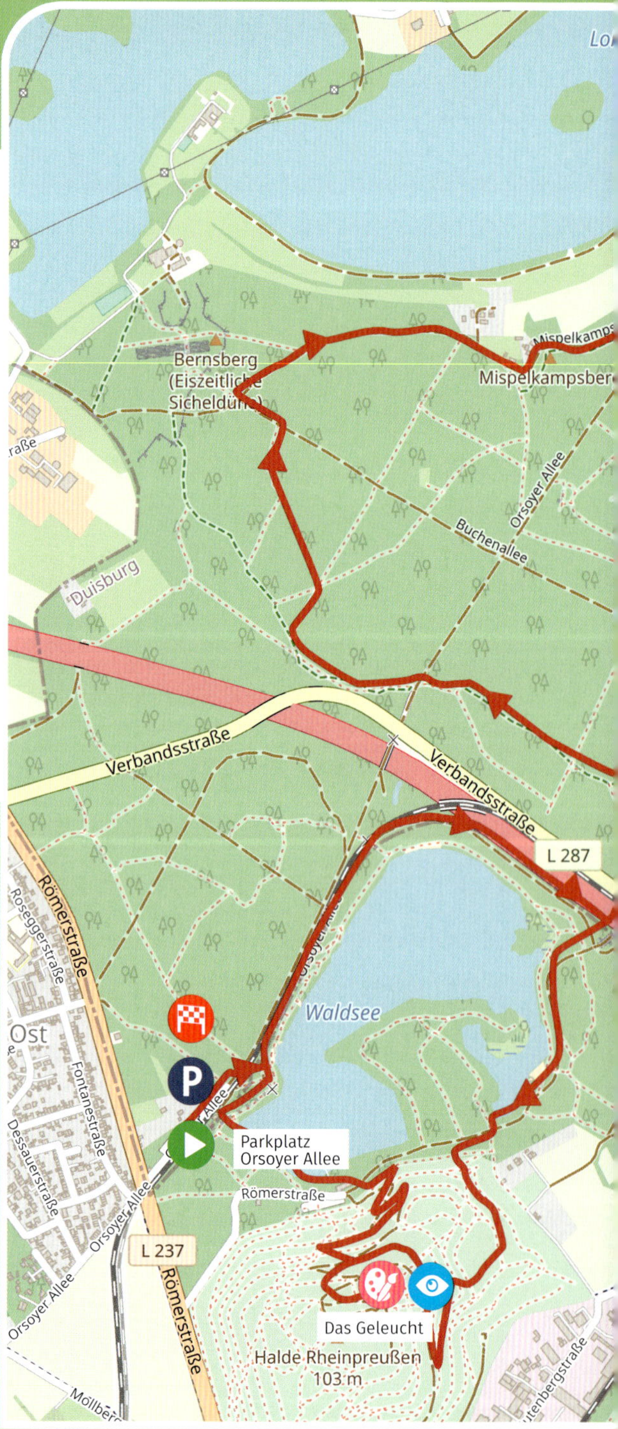

Bernsberg
(Eiszeitliche
Sicheldüne)

Mispelkampsb

Duisburg

Orsoyer Allee

Buchenallee

Verbandsstraße

Verbandsstraße

L 287

Römerstraße

Roseggerstraße

Fontanestraße

Dessauerstraße

Ost

Waldsee

Orsoyer Allee

Parkplatz
Orsoyer Allee

Römerstraße

Orsoyer Allee

L 237

Das Geleucht

Halde Rheinpreußen
103 m

Möllber

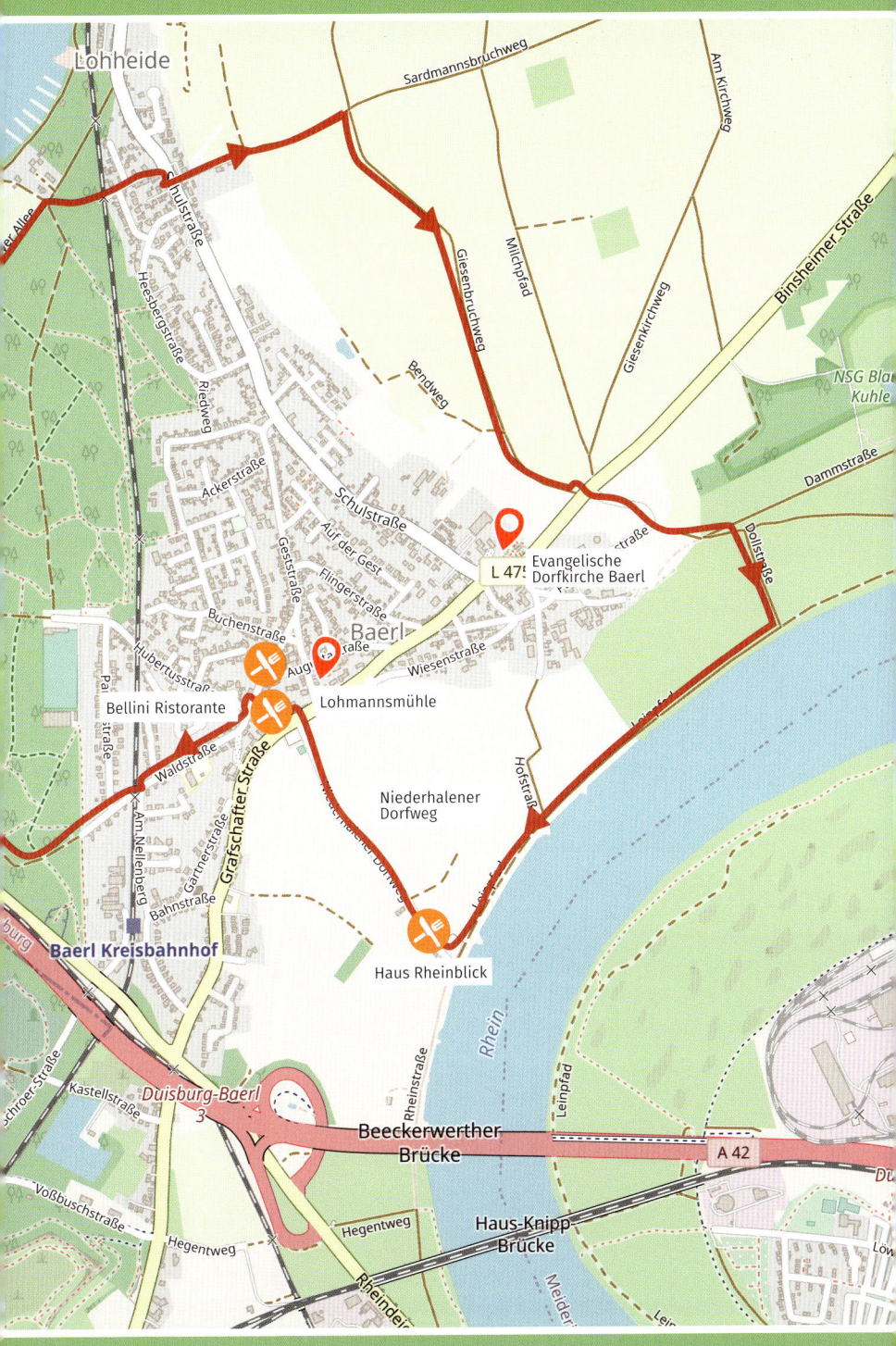

Tiger & Turtle

An der Anger zum „magischen Berg"

Obwohl die Heinrich-Hildebrand-Höhe mit dem spektakulären Kunstwerk darauf umgeben ist von Stadt und Industrie, gibt es eine schöne Wanderroute durch den Duisburger Süden. Das Motto lautet: immer an der Anger entlang. Der kleine Fluss ist mal kanalisiert als Neue Anger, mal mäandert er in seinem alten Bett – stets flankiert von einem mehr oder weniger breiten Grüngürtel. Am Weg finden sich einige historische Gebäude und sogar Orte, an denen nachweislich schon in der Jungsteinzeit Menschen gesiedelt haben: Das alles bildet die lange Geschichte dieser Region – vom Höhepunkt dieser Wanderung gut zu betrachten, von der Skulptur „Tiger & Turtle – Magic Mountain".

Tour 3

 3:30 Std.   13,5 km   20 Meter

Start/Ziel: Parkplatz am Biegerpark, Einfahrt Düsseldorfer Landstraße 186, 47249 Duisburg
Wegbeschaffenheit: überwiegend gute Naturwege
Anreise mit ÖPNV: Straßenbahn-Haltestelle Sittardsberg

Wegbeschreibung:

Unser Weg beginnt im Biegerpark. Dafür gehen wir bis zum Ende des Parkplatzes und dort links. An der nächsten Abzweigung schwenken wir nach rechts ein und folgen dem weiten Bogen an der Anger entlang. An dem Platz, auf dem mehrere Tischtennisplatten stehen, halten wir uns links und überqueren bald die kleine Brücke. Dahinter wenden wir uns an der nächsten Kreuzung nach rechts.

Auf diesem Hauptweg bleiben wir – rechts von uns liegt bald eine Kleingartenanlage. Dahinter biegen wir nach rechts und dann sofort links ab. Wo es geradeaus nicht weiter geht, wenden wir uns kurz nach rechts und dann gleich wieder nach links, sodass wir rechts von einem Sportplatz weiterwandern. So erreichen wir eine kleine Straße, die wir schräg links überqueren, um gegenüber wieder in einen Park zu wandern. Vor dem kleinen See halten wir uns rechts. An der nächsten Straße sehen wir vor uns bereits das Kunstwerk „Tiger & Turtle – Magic Mountain". Um auf die Höhe hinaufzusteigen, gehen wir zunächst rechts herum und folgen den Schildern nach oben.

Am Weg

Biegerpark

Wo der Angerbach einen großen Bogen, eine Biege beschreibt, befindet sich auf dem Gelände eines ehemaligen mittelalterlichen Hofes der Biegerpark. Das Naherholungsgebiet lockt unter anderem mit einem sieben Kilometer langen Netz an Spazierwegen und gilt wegen seiner Artenvielfalt und seiner Bedeutung als Brutplatz für zahlreiche Vögel als wichtiges und schützenswertes Biotop.

Im Biegerpark zeigen sich auch Schwäne

Mittelalterlicher Hof
am Alten Angerbach

Nach dem Besuch der Halde wandern wir auf dem breiten Weg wieder hinunter und wenden uns am Fuß des Hügels nach rechts. Grüne Schilder weisen die Richtung zum Rhein-Portal direkt an der Anger entlang.

Nach dem Abstecher gehen wir zurück, bis wir – nun wieder unterhalb der Heinrich-Hildebrand-Höhe – die Brücke überqueren. Danach wenden wir uns nach links und gehen an dem kleinen Fluss entlang bis zur nächsten Straße. Dort wechseln wir auf seine linke Seite.

Immer an der Anger entlang wandern wir, bis wir wieder auf eine Straße treffen, wo wir erneut die Seiten tauschen. So gelangen wir an eine große Straßenkreuzung, die wir überqueren, um schräg links gegenüber auf dem Wanderpfad weiterzugehen. Über eine kleine Brücke führt uns der Weg an einen Bahndamm, den wir am Haltepunkt Kesselsberg unterqueren.

Am Weg

Heinrich-Hildebrand-Höhe und Angerpark

In vielerlei Hinsicht ist diese Halde etwas Besonderes. Angefangen beim Namen: Heinrich Hildebrand (1927–2004) war keine Größe der Ruhrgebietsindustrie, sondern ein Wanheim-Angerhausener Heimatforscher, dem der Heimat- und Bürgerverein ein Denkmal gesetzt hat. Außerdem liegt unter dem grünen Hügel kein Abraum einer Zeche, sondern hier stand einst die 2005 insolvent gegangene Zinkhütte MHD Sudamin. Die Umweltbelastung, die diese hinterließ, erforderte sofortiges Handeln. Die Stadt Duisburg siedelte hier also einen riesigen Logistikstandort an und schuf mit dem Angerpark einen öffentlichen Raum für die Bürgerinnen und Bürger, der bereits 2008 freigegeben wurde. Unter dem Hügel, der von einem knapp drei Kilometer langen Wegesystem erschlossen wird, befinden sich unter dichten Kunststoffbahnen zur Abdichtung Erd- und Abbruchmaterialien der ehemaligen Zinkhütte.

Am Weg

Tiger & Turtle – Magic Mountain

Der Werkstoff Zink ist auch in der beeindruckenden Landmarke verbaut, geplant von Heike Mutter und Ulrich Genth, die den 2009 ausgeschriebenen internationalen Wettbewerb für sich entscheiden konnten. Seit November 2011 ist die Skulptur eröffnet und auf 200 Metern und 249 Stufen begehbar, die restlichen 20 Meter befinden sich im Looping. Wenn man das Kunstwerk aus der Ferne oder von unten sieht, dann spürt man förmlich den Geschwindigkeitsrausch einer Achterbahn, doch wenn man sich Stufe für Stufe auf den unterschiedlich steilen Treppen in dem Gerüst bewegt, kommt man sich selbst doch eher wie eine Schildkröte vor. So ist der Name entstanden: als Tiger gesprungen, als Schildkröte gelandet – Tiger & Turtle. Aber wie auch immer, von der 20 Meter hohen Landmarke hat man weite Sicht über Duisburg und zum Rhein.

Tipp **Abendführung:** Die Stadt Duisburg bietet Abendführungen an. Ausgerüstet mit Taschenlampe und festem Schuhwerk erfährt man auf dem etwa einstündigen Rundgang Wissenswertes über das Kunstwerk. Termine, Preise und weitere Infos unter: www.duisburg.de/tourismus/stadt_erleben/fuehrungen_und_rundfahrten

Entlang der Anger

Von dem Alten Angerbach lassen wir uns bis zur Brücke über den Bö-ckumer Leitgraben begleiten. Wer mag, macht hier nach rechts einen kurzen Abstecher zu Haus Böckum, das inzwischen aber ziemlich ver-fallen ist. Ansonsten geht es an dieser Stelle links weiter und dann gleich rechts durch die Trarbacher Straße. Fast an deren Ende folgen wir den Schildern des Fahrradwegs nach links und dann nach rechts in Richtung S-Bahnstation Großenbaum. In den Asphaltweg, auf den wir hinter dem See stoßen, biegen wir nach rechts ab und vor dem Haltepunkt Mühlenkamp noch einmal nach rechts.

Am Weg

Rheinportal Angerort

An dem kleinen Flüsschen Anger entlang gelangt man von der Halde aus bis zu seiner Mündung in den Rhein. Hier ermöglicht ein Aus-sichtssteg eine ungewöhnliche Perspektive auf den Rhein und die rege Schifffahrt in der Nähe des Duisburger Innenhafens.

Am Weg

Vorgeschichtliche Funde am Bruchgraben

Auf dem kleinen Hügel, wo der Bruchgraben in den Angerbach mündet, konnten Funde sichergestellt werden, die belegen, dass hier schon in der Jungsteinzeit (3. Jahrtausend v. Chr.) Menschen gesiedelt haben. Mitte der 1990er-Jahre wurden hier Reste einer eisenzeitlichen Siedlung (um 600 v. Chr.) ausgegraben. Diese umfasst auch die Senke, in der sich heute der Teich befindet.

Gastronomie:

Biergarten im Biegerpark, Angertaler Str. 99, 47249 Duisburg,
Telefon 0171/2728622, www.biergarten-biegerpark.de

Dem Pfad folgen wir bis in ein Wohnviertel, in dem wir uns zweimal nach links wenden und so zu der großen Kreuzung am Sittardsberg gelangen. Dort überqueren wir die Düsseldorfer Landstraße, wenden uns nach links und nehmen das nächste Sträßchen nach rechts Richtung Bieger Hof zum Ausgangspunkt zurück.

Am „grünen Band"

Tour
3

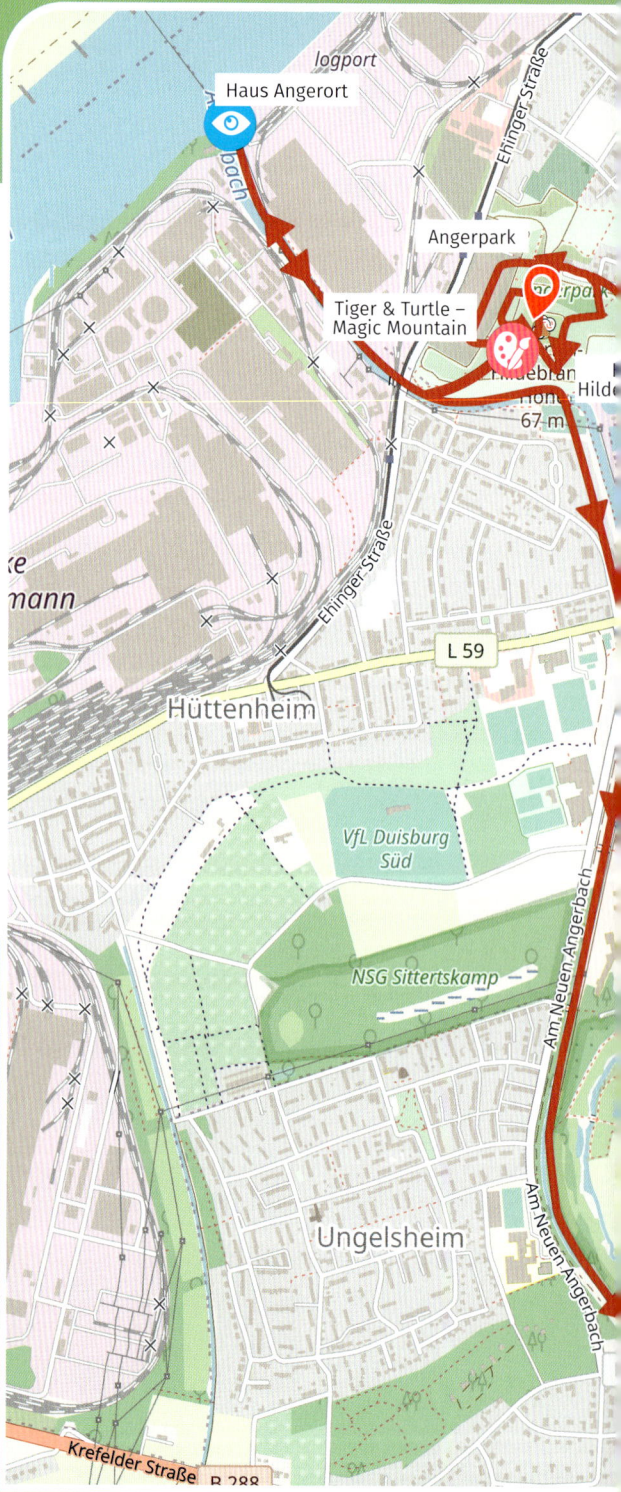

- ▶ Startpunkt
- 📍 Zwischenziel
- 🅿 Parkplatz
- Ⓗ Haltestelle
- 🏁 Zielpunkt
- 👁 Aussichtspunkt
- 🍴 Gastronomie
- 🎨 Kunstobjekt

Haus Angerort

logport

Angerpark

Tiger & Turtle –
Magic Mountain

Hildebran
Höhe – Hilde
67 m

Ehinger Straße

L 59

Hüttenheim

VfL Duisburg
Süd

NSG Sittertskamp

Am Neuen Angerbach

Ungelsheim

Am Neuen Angerbach

Krefelder Straße B 288

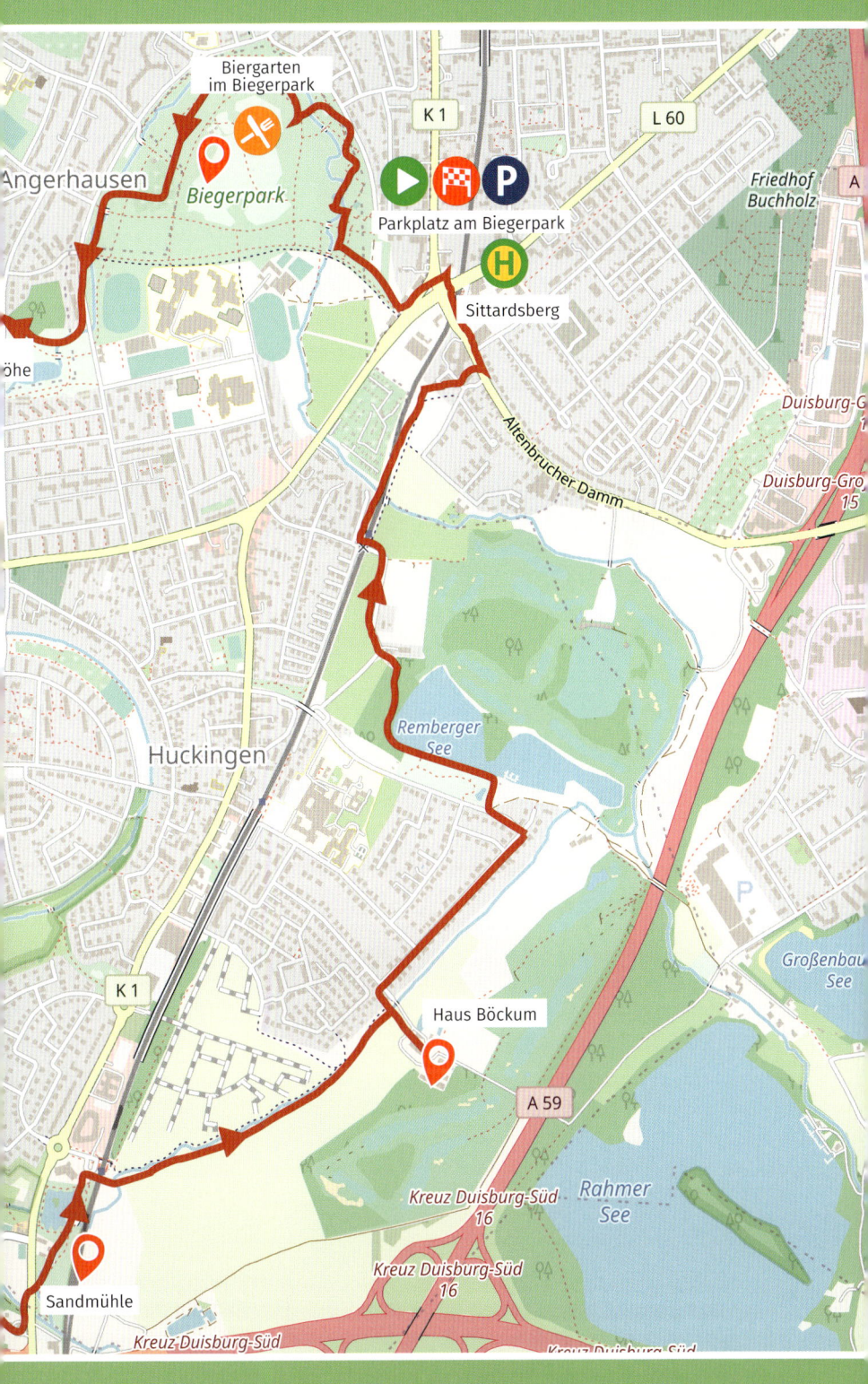

Biergarten
im Biegerpark

Angerhausen

Biegerpark

K 1

L 60

Friedhof
Buchholz

A

Parkplatz am Biegerpark

Sittardsberg

Altenbrucher Damm

Duisburg-G

Duisburg-Gro
15

öhe

Huckingen

Remberger
See

Großenbau
See

K 1

Haus Böckum

A 59

Duisburg-Süd

Kreuz Duisburg-Süd
16

Rahmer
See

Sandmühle

Kreuz Duisburg-Süd
16

Kreuz Duisburg-Süd

Von Attraktionen umgeben

Rund um die Knappenhalde

Diese Runde ist etwas für jeden Geschmack: Kunstliebhaber, Kultur-
interessierte und Naturbegeisterte kommen genauso auf ihre Kos-
ten wie diejenigen, die Lust auf Spaß und Spiel oder ausgedehntes
Shopping haben. Auf kleinstem Raum liegt hier alles beieinander:
die Ausstellungen im Haus Ripshorst, im Gasometer und im Schloss
Oberhausen, die Kunstwerke am Weg, das Tiergehege im Kaisergarten, die Attraktionen und Shops in der Neuen Mitte und die Industriekultur mitsamt ihrer neuen beeindruckenden Renaturierung auf
der Knappenhalde und im Gleispark Frintrop. Also bitte genügend
Zeit einplanen oder – noch besser – immer wiederkommen!

3:15 Std.

12,5 km

65 Meter

Start/Ziel: Parkplatz am Haus Ripshorst,
Ripshorster Straße 306, 46117 Oberhausen
Wegbeschaffenheit: überwiegend breite, nicht-asphaltierte
Fußwege, abseits von Straßen
Anreise mit ÖPNV: Haltestelle Haus Ripshorst

Wegbeschreibung:

Wir beginnen diese Runde an Haus Ripshorst. Dort wenden wir uns nach links und wandern zwischen den Gebäuden der Biologischen Station und des RVR-Besucherzentrums hindurch und anschließend auf die geschwungene Brücke über den Rhein-Herne-Kanal zu. Dahinter zweigen wir mit Blick auf die „Zauberlehrling"-Skulptur nach links auf die Insel zwischen Kanal und Emscher ab.

Immer am Ufer entlang führt uns der Weg, bis wir kurz vor der Bundesstraße 223 am Bootshaus nach links abbiegen müssen, um wieder

Am Weg

Der Zauberlehrling

Der „Zauberlehrling" – liebevoll auch „Tanzender Strommast" genannt –, ist schon von weitem erkennbar und steht neben dem Rhein-Herne-Kanal. 2013 wurde er anlässlich der Ausstellung Emscherkunst von der Berliner Künstlergruppe „Inges Idee" freistehend in einer Wiese installiert. Die 35 Meter hohe und zehn Tonnen schwere Skulptur besteht aus Stahlprofilen, die – in geschwungener Form zusammengesetzt – den Eindruck eines mit ausgestreckten Armen tanzenden Menschen ergeben.

Benannt wurde er nach Goethes Zauberlehrling, der die Geister, die er rief, nicht mehr unter Kontrolle bekam – vielleicht eine Anspielung auf die Rolle des Menschen im Umgang mit Technik und Natur. In der untergehenden Sonne leuchtet die Spitze des Masts wie der Hut des Zauberlehrlings.

Am Weg

„Slinky Springs to Fame" – Brücke über den Kanal

496 Aluminiumbögen über 406 Meter Länge: Das Kunstwerk des Frankfurter Künstlers Tobias Rehberger schlängelt sich in Rampen und Bögen auf die zehn Meter Höhe, auf denen es den 50 Meter breiten Rhein-Herne-Kanal überquert. Slinky (von englisch: to slink, schleichen) ist der Name eines Spielzeugs aus einer vielfach gedrehten Metallfeder, und hier sieht es so aus, als sei es locker über den Kanal geworfen worden. Nachts sind die Ringe bunt beleuchtet, aber auch tagsüber macht die Brücke einfach Spaß, zumal die Schritte der Menschen die Konstruktion leicht ins Schwingen bringen.

Am Rhein-Herne-Kanal

Die Skulptur „Krone"

zum Wasser zu kommen. Wenn wir nun unter der Straße hindurchgehen, sehen wir vor uns bereits die Hängebrücke „Slinky Springs to Fame", auf der wir in den Kaisergarten hinüberwechseln.

Im Park laden Schloss Oberhausen und das Museum zum Besuch ein. Für unsere weitere Route wenden wir uns aber nach rechts und überqueren vor der Umgrenzung des Tierparks die Holzbrücke. Zwischen Eingang und Rotwildgehege erreichen wir eine Kreuzung, an der wir nach rechts abbiegen. Auf Höhe des großen Teiches wählen wir einen der Wege, die nach links führen, gelangen so an die Skulptur „Krone" und dahinter an die Straße, die wir nach rechts unter der Brücke hindurch nehmen.

An der Kreuzung überqueren wir die Duisburger Straße und gehen gegenüber die Treppe hinauf. Auf dem Hügel wandern wir geradeaus und am Ende des kleinen Parks folgen wir der Linkskurve. So errei-

Am Weg

Ludwiggalerie im Schloss Oberhausen

Das Schloss geht vermutlich auf einen Rittersitz aus dem Ende des 12. Jahrhunderts zurück, errichtet an einer strategisch wichtigen Furt an der Emscher. Der heutige Bau und die Gartenanlage stammen aus viel späteren Zeiten, nämlich vom Beginn des 19. Jahrhunderts. Nach dem Krieg wurden die teils zerstörten Gebäude wiederaufgebaut und ein Museum zog ein. Seit 1990 firmiert es als Ludwiggalerie und widmet sich unter anderem der Präsentation von Kunstwerken aus aller Welt zu vier Hauptfragestellungen: die Verbundenheit der Kulturen der Welt über alle räumlichen und zeitlichen Epochen hinweg, Comics und Cartoons, Fotografie sowie Landmarkenkunst des Ruhrgebiets. Weitere Informationen unter: www.ludwiggalerie.de

Kaisergarten mit Schloss Oberhausen

chen wir ein Gewerbegebiet, in dem wir gleich bei der ersten Möglichkeit nach links abbiegen. Am Kreisverkehr halten wir uns links und gehen dann schräg rechts im spitzen Winkel auf die Straße zu. Diese führt uns bis zum Gebäude des Arbeitsamtes. Dort überqueren wir an der Fußgängerampel die Mülheimer Straße und gehen in die Brücktorstraße hinein.

An der Feuer- und Rettungswache können wir die Bahnlinie überqueren und danach gleich nach rechts weitergehen. Hinter der Umzäunung halten wir uns links und dann schräg rechts. Vor dem Damm wenden wir uns nach links, um unter der Brücke hindurch zu gelangen. Auf der anderen Seite biegen wir sofort links ab und wandern zwischen den kleinen Gärten hindurch und über die nächste Straße hinweg auf die Halde zu. An der Gabelung und an der Kreuzung unterhalb des Hügels wenden wir uns beide Male nach rechts.

Am Weg

Knappenhalde

Das erste Material, das auf den ehemaligen Acker gehäuft wurde, war seit 1856 das Bergematerial der direkt nebenan gelegenen Zeche Oberhausen. Darüber kam Hochofenschlacke der benachbarten Eisenhütte, darüber Trümmer aus den Zerstörungen des Zweiten Weltkriegs. Unter der Halde verbirgt sich ein weitverzweigtes System aus Bunkern, in denen die Bevölkerung Schutz vor Luftangriffen suchte.

Die nach dem Knappenviertel benannte Halde wurde schließlich 1953 begrünt und ist seit 1980 zugänglich. Sie ist eine Halde der ersten Generation, bei der einfach das Material in der Form eines Spitzkegels aufgehäuft wurde. Oben auf 102 Metern Höhe steht ein Aussichtsturm, der nach Osten kaum noch über die inzwischen hoch gewachsenen Bäume reicht, nach Westen aber eine weite Aussicht bietet.

Über eine Treppe gelangen wir auf den Hauptweg, der nach links zum Haldengipfel hinaufführt. Auf dem Rückweg nehmen wir die erste Treppe, die oberhalb der Bahnlinie rechts hinunterführt. Am Haldenfuß halten wir uns links, gehen auf die Straße zu, davor auf dem Pfad links und dann an der Straße entlang bis zur Kreuzung. An der Fußgängerampel überqueren wir die Straße, biegen nach rechts ab und nehmen vor der Brücke den Fußgängerweg nach links, der uns auf den Damm der alten Trasse führt. Ihm folgen wir nach rechts über die Bahnlinie.

Nach dem Übergang gehen wir rechts und dann parallel zur Bahn Richtung Gleispark Frintrop. An der Aussichtsplattform mit dem

Im Gleispark Frintrop

Namen „Blick ins Nichts" vorbei wandern wir geradeaus durch das Birkenwäldchen. An der nächsten Sitzgelegenheit wenden wir uns nach links und nehmen den hinteren Weg nach links wieder zurück. Nachdem wir noch einmal unter einer Straße hindurch gewandert sind, zweigen wir an der nächsten Kreuzung nach rechts ab und hinter einer weiteren Unterführung nehmen wir den Weg, der nach links zurück Richtung Ausgangspunkt führt. Dafür überqueren wir die Kreuzung geradeaus und Haus Ripshorst kommt rechts in den Blick.

Gastronomie:

Bootshaus Oberhausen, Konrad-Adenauer-Allee 75, 46049 Oberhausen, Telefon 02045/8959776, www.bootshaus-oberhausen.de
Schloss Gastronomie Kaisergarten, Konrad-Adenauer-Allee 48, 46049 Oberhausen, Telefon 0208/290220, www.kaisergarten.de

Am Weg

Haus Ripshorst

Der Rittersitz aus dem 14. Jahrhundert dient heute als Besucherzentrum des Regionalverbands Ruhr und als Informationszentrum für den Emscher Landschaftspark. Eine begehbare Bodeninstallation mit mehreren Stationen, die den Landschaftspark vorstellen, ein kleiner Gastronomiebereich und ein Bauerngarten laden zum Besuch ein.
In der Nähe entstand nach den Entwürfen von Landschaftsarchitekten ein Gehölzgarten nach dem Motto „Vom Urwald zum Kulturwald".
Zum Haus Ripshorst gehört auch ein Getränkeservice, Öffnungszeiten und weitere Informationen unter: www.rvr.ruhr/themen/oekologie-umwelt/startseite-haus-ripshorst/

Im Gehölzgarten Ripshorst

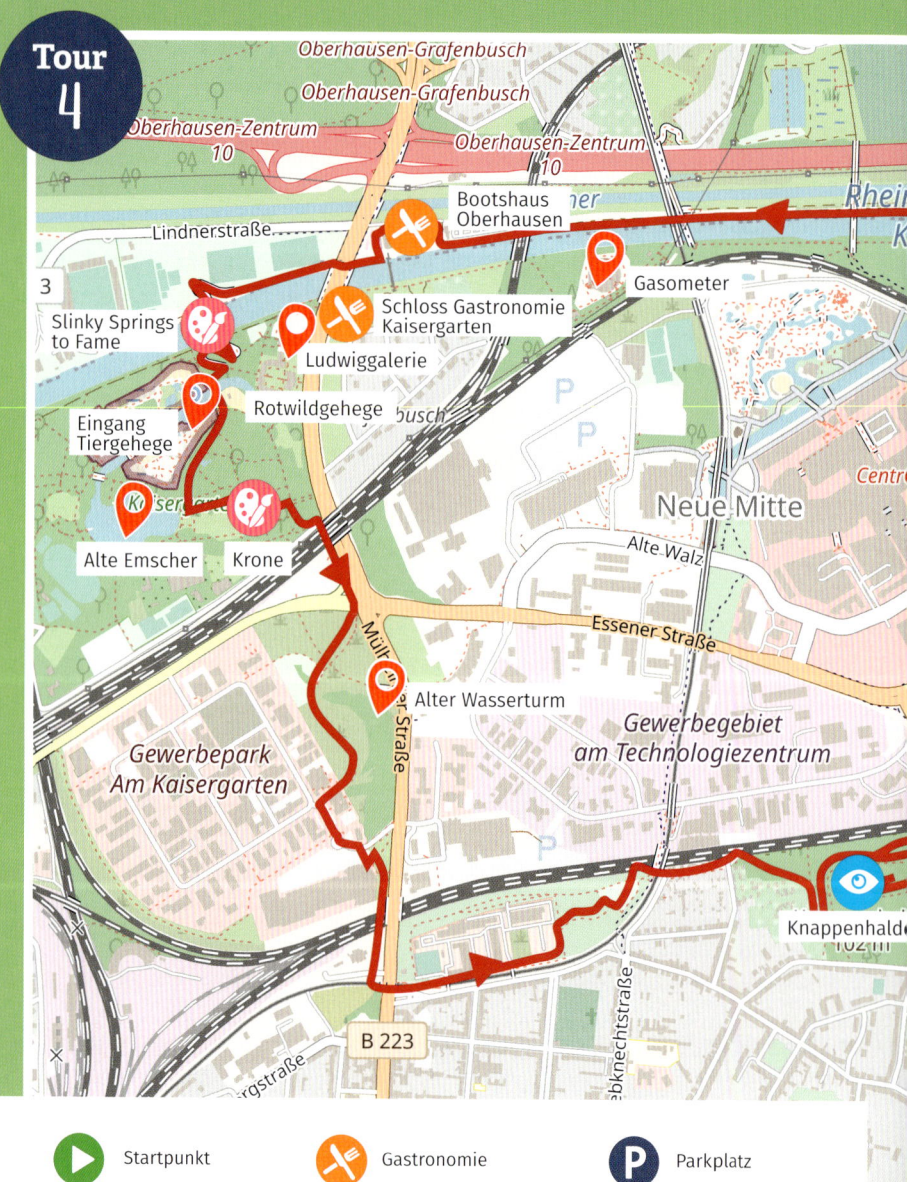

Tour 4

Oberhausen-Grafenbusch
Oberhausen-Grafenbusch
Oberhausen-Zentrum 10
Oberhausen-Zentrum 10

Rhein
Lindnerstraße
Bootshaus Oberhausen
Gasometer

3

Slinky Springs to Fame

Schloss Gastronomie Kaisergarten
Ludwiggalerie
Rotwildgehege
busch

Eingang Tiergehege

Neue Mitte
Alte Walz
Centr

Kaiser...
Alte Emscher   Krone

Essener Straße

Mül...-Straße

Alter Wasserturm

Gewerbegebiet am Technologiezentrum

Gewerbepark Am Kaisergarten

P

Knappenhald
102 m

...straße
B 223
...rgstraße
...bknechtstraße

Legende

▶ Startpunkt	🍴 Gastronomie	P Parkplatz
📍 Zwischenziel	👁 Aussichtspunkt	H Haltestelle
🏁 Zielpunkt	🎨 Kunstobjekt	

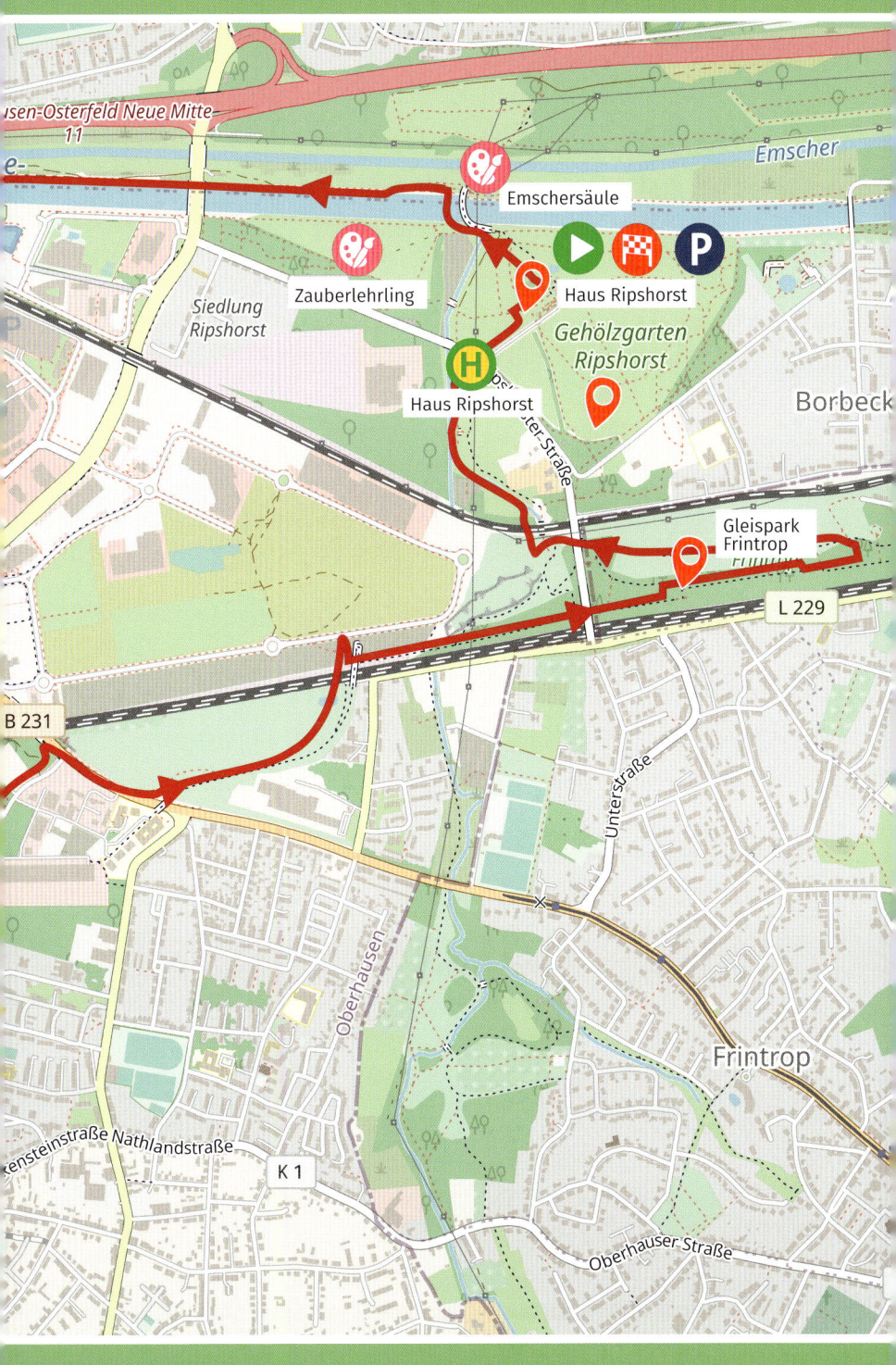

Auf den „heiligen" Berg

Von Grafenmühle
auf die Halde Haniel

In allen Religionen und Kulturen haben die Menschen Berge immer schon als Sitze ihrer Götter gesehen. Und wenn es eine Ruhrgebietsgottheit gäbe, dann würde sie inzwischen auf der Halde Haniel wohnen – unter sich ausgebreitet das ganze Revier mit seinen fünf Millionen Menschen. Im Norden der Halde endet die Industrielandschaft und das Waldgebiet der Kirchheller Heide ist in seiner ganzen Ausdehnung zu sehen. Dort ist auch der Start- und Zielpunkt dieser Wanderung, die neben Haldenkunst und Industriegeschichte auch echtes und ursprüngliches Naturerleben bietet: im östlich der berühmt gewordenen Zeche Prosper Haniel gelegenen Köllnischen Wald.

Tour 5

 3:30 Std. 13,5 km 136 Meter

Start/Ziel: Parkplätze in Grafenmühle, 46244 Bottrop, Zur Grafenmühle/Alter Postweg
Wegbeschaffenheit: breite, nicht-asphaltierte Fußwege, abseits von Straßen
Anreise mit ÖPNV: Taxibushaltestelle Grafenmühle
Besonderheit: Das Stück im Köllnischen Wald hinter der ehemaligen Zeche Prosper Haniel sollte bei Nässe nur mit entsprechendem Schuhwerk gegangen werden. Ausweichmöglichkeit: den ersten Querweg nach links zur Halde Schöttelheide nehmen und dort rechts abbiegen.

Wegbeschreibung:

In Grafenwald startet die Runde an einem der vielen Parkplätze. Auf dem „Alten Postweg" wandern wir auf die Halde zu und orientieren uns dabei zunächst an den Wanderweg-Markierungen X11 und A1. Diese leiten uns nach einer fast rechtwinkligen Rechtskurve nach links vom Postweg fort auf einen breiten Wanderweg, der parallel zur Bundesstraße durch den Wald führt.

Aus dem Wald herausgetreten, wenden wir uns bei nächster Gelegenheit auf dem asphaltierten Weg nach links. Er führt uns in ein Naturschutzgebiet. Am Fuß der Halde Schöttelheide biegen wir nach rechts ab und an der Gabelung noch einmal rechts. Den asphaltierten Weg überqueren wir und nehmen gegenüber den linken der beiden Wege an einer Schranke und gehen dann links an dem kleinen See vorbei. Immer unten an der Halde entlang wandern wir, bis wir an einem Parkplatz auf eine Kreuzung stoßen. Dort gehen wir nach links, steil bergauf.

Auf der nächsten Ebene wenden wir uns nach rechts und erreichen so den breiten Querweg, an dem Kreuzwegstationen stehen. Er führt uns nach links bergauf. Auf dem Plateau mit dem großen Kreuz halten wir auf den Haldengipfel zu und gehen rechts herum, um bei

Am Weg

Naturschutzgebiet Köllnischer Wald und Spechtsbach

Das Naturschutzgebiet Köllnischer Wald besteht zum Großteil aus Rotbuchenwäldern, in den Spechtsbach-Auen dominieren Eichen. Der seltene Schwarzspecht braucht vor allem alte und starke Buchen, um seine großen Baumhöhlen zu bauen. Am Boden fühlen sich in den Buchenwäldern neben dem Feuersalamander auch Erdkröten, Teichmolche und Grasfrösche wohl. Und so ist das Waldgebiet unterhalb der Halde Haniel ein fast urwaldähnliches Areal, das ein naturnahes und beeindruckendes Stück Natur bietet.

nächster Gelegenheit im spitzen Winkel links abzubiegen. So erreichen wir die Totems.

An dem Kunstwerk vorbei wandern wir über die Höhe und auf der anderen Seite des Ovals wieder hinunter. Vom Hauptweg zweigen wir, sobald es möglich ist, wiederum im spitzen Winkel nach links ab und bei nächster Gelegenheit nach rechts. Der Weg führt uns immer leicht bergab um die Nordseite der Halde herum bis an ihren Fuß. Dort treffen wir an der Kreuzung auf einen Wanderweg, der von hölzernen Geländern flankiert ist, und wenden uns nach rechts.

So erreichen wir eine Brücke über einen Teil des Geländes der Zeche Prosper-Haniel, die 2018 als letzte der Ruhrgebietszechen ihren Betrieb einstellte. Dahinter biegen wir nach rechts und an der nächsten Kreuzung nach links ab. Für eine Weile geht es geradeaus durch den Wald, dann treffen wir auf einen Querweg, in den wir für wenige Me-

Am Weg

Totems

Die bemalten Eisenbahnschwellen des baskischen Künstlers Agustín Ibarrola wurden 2002 auf dem aufgeschütteten Haldenbogen oberhalb der Arena aufgestellt. Sie strahlen Hoffnung aus und das Erkennen, dass es mehr gibt als das, was unsere Augen sehen können. Bei den Schamanen sind Totems die Verbindung zwischen den lebenden Menschen und ihren Ahnen und dienen als Schutzsymbole für die Clans. Hier auf der Halde Haniel wollte der Künstler wohl eine Brücke schlagen von Technologie und Industrialisierung hin zu Glauben und Hoffnung. Und die vielen Besucher, die sich am Wochenende um die Totems versammeln, geben ihm Recht: Seine Kunst kommt bei den Menschen an.

Die blauen Totems

Am Weg

Halde Haniel

Die Halde Haniel ist die beeindruckendste unter den Halden des Ruhrgebiets. Nicht nur, weil sie mit 185 Metern die zweithöchste Halde und die höchste der begehbaren Halden ist und einen überwältigenden Rundumblick bietet, sondern weil sie durch ihre Kunstwerke besticht. Hier will sich nicht nur die wiederangesiedelte Natur in den Vordergrund drängen, sondern vor allem die philosophischen und kulturellen Inhalte möchten gesehen werden. Und so ist das Thema der Halde vor allem: Was steht über uns? Was schützt uns? Was gibt uns Kraft? Auf der Halde Haniel finden wir Antworten: Der Kreuzweg, das große Kreuz aus Spurlatten, die Bergarena und vor allem die Totems auf dem Haldengipfel wollen uns sagen, dass es mehr gibt als das, was wir sehen können. Vertrauen aus dem Glauben und der Religion schöpfen und mit Mut und Kraft zu unseren Wurzeln stehen: Das sind die Themen der Halde Haniel. Und so bietet sie nicht nur ein weitläufiges Areal, um Naturerfahrungen zu machen, viel Platz, um sich auszutoben und sich zu sportlichen Höchstleistungen anzuspornen, sondern gibt auch Raum für Entspannung, Kunstgenuss und spirituelle Erfahrungen.

Die Bergarena von oben betrachtet

Am Weg

Kreuzweg

Der Kreuzweg, der auf die Halde hinaufführt, besteht aus in Kupfer ge-
ätzten Zeichnungen der Künstlerin und Nonne Tisa von der Schulen-
burg. Sie stellen den Leidensweg Christi dar und werden flankiert von
Bergbaugeräten aus der Zeche Prosper-Haniel. So ergibt sich für den
Besucher entlang des Kreuzweges eine Vermischung aus Religiösem
und Industriellem, aus Spirituellem und Nützlichem – und
dies gipfelt am Kreuz aus Spurlatten, das für den Besuch von Papst Johannes Paul II. 1987 in der Zeche
Prosper-Haniel gefertigt wurde.

Die Arbeit der Bergleute untertage war immer
schon verknüpft mit der Erfahrung der End-
lichkeit, und so wird auf der Halde Haniel der
Hoffnung auf ein Leben nach dem Tode Ausdruck gegeben.

Kreuzweg mit Bergbaustationen

Bergarena

Eine ganz besondere Spielstätte ist die Bergarena unterhalb der Totems:
Geschützt durch die ovalen Aufschüttungen fast wie in einem Vulkan-
krater gelegen, bietet das Amphitheater 800 Besuchern Platz. Theater-
und Opernaufführungen können hier besucht werden und das Erlebnis
Halde wird um das kulturelle und musikalische Element erweitert. Aber
auch ohne Aufführung ist die Arena ein
magischer Ort, an dem sich Menschen treffen und sich inspirieren lassen oder einfach nur
eine Rast machen können.

Totem mit Blick zur Arena

ter nach links abbiegen, nur um dann gleich rechts am Bach entlang durch den nun ursprünglichen Wald zu wandern.

Blick zur Schwesterhalde Schöttelheide

Am nächsten Querweg wenden wir uns nach links, bis vor uns die Halde Schöttelheide aufragt. Auf dem hinteren der beiden Wege wandern wir gegen den Uhrzeigersinn um sie herum. Bei nächster Gelegenheit biegen wir nach rechts ab, treffen auf den Wanderweg mit der Markierung X22, der von rechts kommt, wenden uns ihm folgend an der nächsten Kreuzung nach links und lassen uns von ihm zurück zum Ausgangspunkt geleiten.

Am Weg

Bergwerk Prosper-Haniel

Nach 150 Jahren Steinkohleabbau im Ruhrgebiet ging die bedeutende Ära im Bergwerk Prosper-Haniel zu Ende. Am 21. Dezember 2018 wurde hier in einem feierlichen Akt die letzte Steinkohle gefördert, bevor die letzte Steinkohle-Zeche im Ruhrgebiet ihre Tore schloss und die verbleibenden Bergleute in ein Leben übertage entließ.

Gastronomie: diverse Möglichkeiten in Grafenmühle

Tour
5

 Startpunkt

 Zwischenziel

 Zielpunkt

 Gastronomie

 Kunstobjekt

 Kulturstätte

P Parkplatz

Wassermühle Grafenmühle

Forellensee

NSG Grafe
im Or
Kirchl

Alter Postweg

Regierungsbezirk Münster

Theater Bergare

Totems

Halde Haniel
184 m

Regierungsbez

Gipfelkreuz
Halde Haniel 1/2

Kreuzweg

chhellener Straße

eldo

Regi

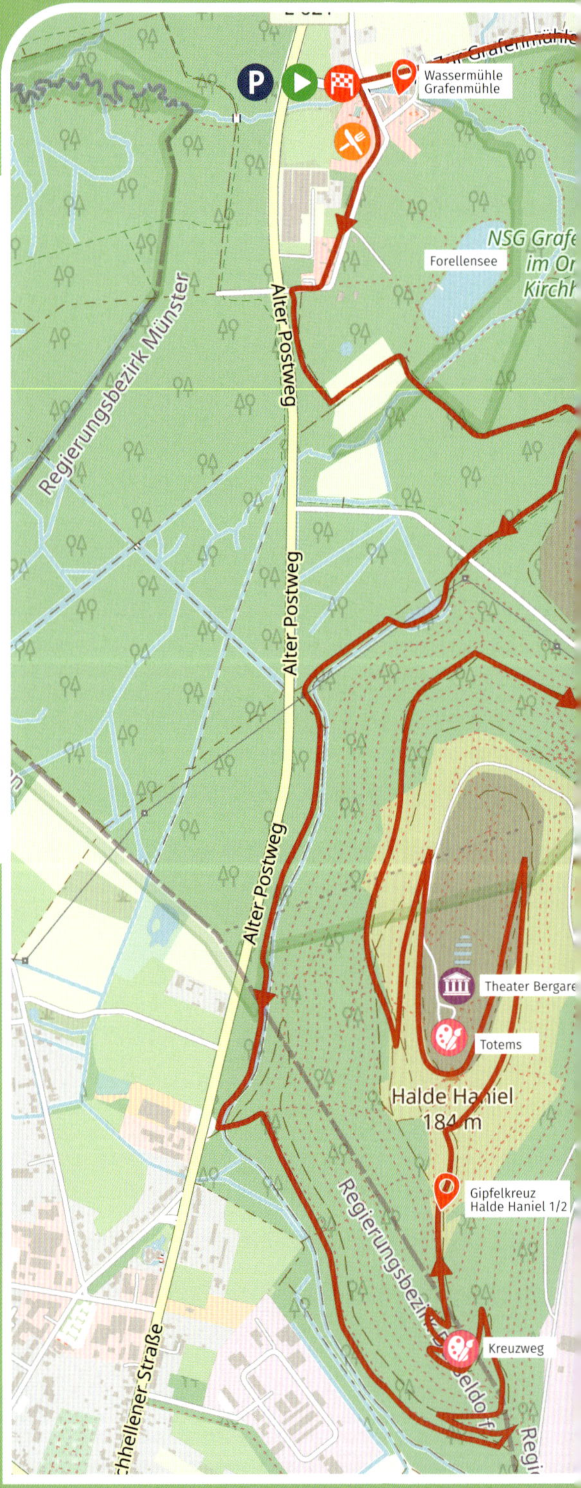

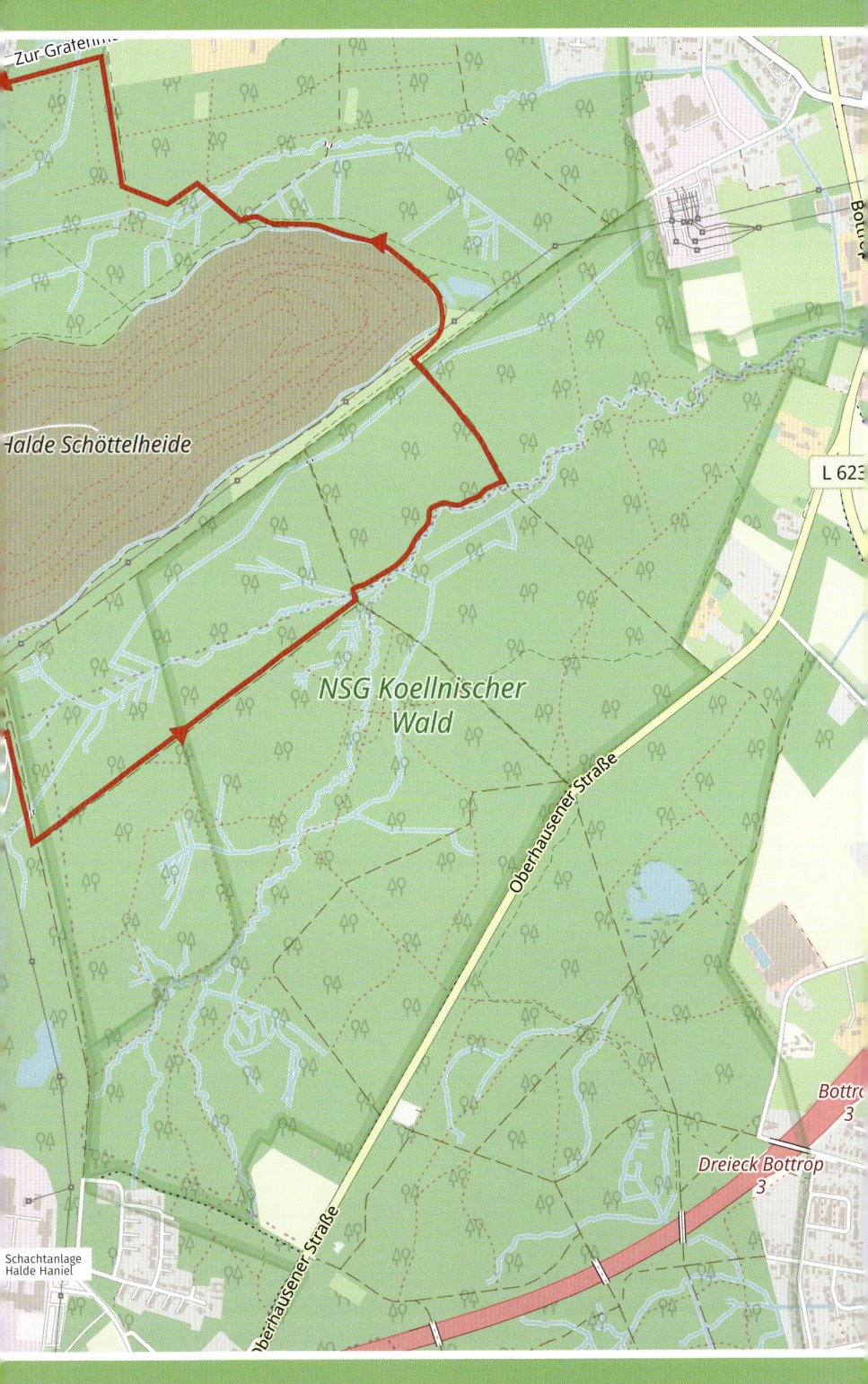

Zur Gräfenm...

Halde Schöttelheide

NSG Koellnischer
Wald

Oberhausener Straße

Oberhausener Straße

Schachtanlage
Halde Haniel

L 623

Bottro
3

Dreieck Bottrop
3

Botti

Halden im Wandel

Berglandschaft im Gladbecker Süden

Das riesige, von weitem sichtbare Monument, das mit seinem geformten Krater an einen Vulkan erinnert, ist unverkennbar ein Landschaftsbauwerk, von Menschenhand gestaltet und erst später neu begrünt: die Mottbruchhalde. Ganz anders ist der Eindruck, den die anderen kleineren Hügel machen: Selbst wenn man direkt davor steht, könnte man nicht auf Anhieb sicher sagen, ob die Erhebung eine Halde oder natürlichen Ursprungs ist. Vor allem die Halde 22 ist so dicht von den unterschiedlichsten Bäumen, Sträuchern und Gräsern bewachsen, dass sie als eine der „natürlichsten" Halden gelten kann. Der ganze Bereich soll in den nächsten Jahren noch umgestaltet werden: Wir wünschen diesen Halden-Kleinoden, dass sie dabei ihren wilden Charakter behalten dürfen ...

2:45 Std.	10,5 km	153 Meter

Start/Ziel: „Halde im Wandel", Heringstraße, 45968 Gladbeck
Wegbeschaffenheit: Naturpfade, Schotterwege
Anreise mit ÖPNV: Haltestelle Hartmannshof
Besonderheit: Abstieg von der Halde 22 ist bei Nässe rutschig.

Wegbeschreibung:
Bei dieser Wanderung kann jede und jeder selbst entscheiden, welchen Bogen der Acht sie oder er zuerst gehen möchte. Wir entscheiden uns, zunächst die Mottbruchhalde zu erkunden. Dafür folgen wir dem Fahrradweg am kanalisierten Hahnenbach entlang bis zu dem bunten Hahn, der als Kunstwerk an der Mündung des Baches in die Boye steht.

Dort wenden wir uns nach rechts und gehen zwischen der Boye, die aktuell renaturiert wird, und der Halde 22. Auf diesem Weg bleiben wir, bis wir auf einen Pavillon treffen. Dahinter verlassen wir an der Gabelung den Radweg, der links weiterführt, und nehmen den steilen Anstieg geradeaus. In den Querweg biegen wir nach rechts ein und folgen ihm bis auf die Halde. Über die Ränder des Kraters können wir trotz des Windrades eine weite Runde drehen und die Aussicht in alle Richtungen genießen.

Anschließend nehmen wir den gleichen Weg wieder hinunter, zweigen aber bei erster Gelegenheit nach links ab und halten auf einen Hochspannungsmast zu. Im Tal zweigt vor dem Gebäude des Pumpwerks Gladbeck-Hahnenbach über eine Wiese ein Pfad nach rechts

Hinter den Blüten erhebt sich der Nordsternturm

Am Weg

Mottbruchhalde

Die Mottbruchhalde ist aus der Schüttung der Zeche Moltke III/IV entstanden. Schon 2004 wurde eine Nutzung als Landschaftsbauwerk geplant, und so wurde die Halde von dem Landschaftsarchitekten Lodewijk Baljon unter das Motto „Halde im Wandel" gestellt. In verschiedenen Bauphasen wurde die 117 Meter hohe Halde als eine Art Vulkanlandschaft gestaltet.

Das Landschaftsbauwerk ist also selbst das Kunstwerk und benötigt eigentlich keine Aufbauten. Pläne der Stadt Gladbeck sahen stattdessen auf halber Höhe eine Art „Basislager" vor mit Gastronomie und einem kleinen Hotel. Diese Pläne wären allerdings hinfällig, wenn das Windkraftwerk, für das im Sommer 2020 die Arbeiten begannen, fertiggestellt würde. Auch die Teilnahme an  der Internationalen Gartenbauausstellung 2027 ist damit unsicher geworden. Bei Drucklegung dieses Buches war noch nicht klar, ob die Stadt mit ihrer Klage gegen diesen Bau Erfolg haben würde oder nicht. Wie auch immer es ausgeht – es bleibt zu hoffen, dass die Halde auch in Zukunft ein Ort zum Nutzen für Mensch und Natur in der Umgebung sein wird.

Windrad hin oder her – sich auf der Außenseite der Vulkan-Landschaft nach oben zu winden ist beeindruckend. Fast verliert man dabei die Orientierung und ist verwundert, wenn plötzlich der Tetraeder auf der Halde Beckstraße in der Ferne auftaucht, den man eigentlich eben noch in genau entgegengesetzter Richtung gesehen zu haben glaubt. Die Halde bietet mit etwa 60 Hektar viel Platz, um sich auszutoben, und die Natur ist dabei, sich wieder auszubreiten.

ab. Dieser führt auf einen Zaun zu und an diesem entlang nach rechts hinauf bis zu einem gepflasterten Weg. Nach links abgebogen gelangen wir auf die andere Seite des Pumpwerks. Dann beginnen wir vor dem ersten Haus auf der rechten Seite durch ein kleines Wäldchen unseren Aufstieg auf die Halde 22.

Dem Pfad folgen wir in Serpentinen bis zu einem breiteren Querweg, in den wir nach links einschwenken, um auf einer Höhe bis zur nächsten Kreuzung zu wandern. Hier wählen wir den ersten Weg rechts und wandern an den Aussichtspunkten und Objekten vorbei um die Seite des Hügels herum, die der Halde Mottbruch zugewandt ist. An einer sechsarmigen Kreuzung wenden wir uns nach rechts auf einen Weg, der zum Haldengipfel führt. Um das Plateau gehen wir rechts herum und nehmen den ersten schmalen und relativ steilen Pfad zurück zum Parkplatz.

Am Weg

Halde 22

Die Halde 22, auch Kippe 22 genannt, kann mit zwei Gipfeln aufwarten. Beide sind durch ein Wegenetz aus unterschiedlichen Pfaden zu erreichen. Die Halde wird umschlossen von der Boye, der Eisenbahnstrecke und dem Hahnenbach und erhält dadurch ihre Form. Sie hat eine Höhe von 76 Metern über NN und 39 Metern über der Umgebung. Mit ihrem steppen- und heideartigen Bewuchs sind ihre Gipfel naturnah und bieten ein meditatives und erholsames Naturerlebnis. Von ihrem höchsten Punkt aus kann man gut auf die Mottbruchhalde blicken und dem „Wandel der Halde" zusehen. Diese Möglichkeit wurde auch durch die Metallstelen geschaffen, welche die Aufschüttung der Mottbruchhalde sichtbar machen sollten. Leider sind diese mittlerweile zugewachsen und der Effekt ist nicht mehr wirklich gegeben. Aber nicht nur die Schwesternhalde ist gut zu sehen, auch der Tetraeder, die Halde Rungenberg oder die „Arena auf Schalke" können von oben bewundert werden.

Die Mottbruchhalde von Halde 22 aus betrachtet

Nun beginnen wir die zweite Runde, indem wir von der Halde kommend der Heringstraße nach rechts folgen, die Brauckstraße überqueren und am Ende des Hartmannshofs nach rechts abbiegen. Wir gehen zuerst zur Halde Mathias Stinnes, also nehmen wir vor der Treppe den Weg nach links, halten uns an der nächsten Kreuzung noch einmal links und dann an der Gabelung rechts auf dem oberen Weg. Die nächsten beiden Kreuzungen überqueren wir geradeaus und gelangen so auf den Gipfel der Halde. Auf dem Rückweg nehmen wir den asphaltierten Weg, der am Gipfel vorbei um den höchsten Punkt im Kreis herumführt. Anschließend gehen wir zurück zu der Kreuzung am Haldenfuß, an der wir uns nun nach links wenden.
Über den nächsten Querweg hinweg wandern wir in das Karnaper Wäldchen. Für etwa 500 Meter gehen wir geradeaus, bis sich nach einer Rechtskurve vor uns eine Lichtung öffnet. Dort gehen wir am Waldrand entlang, halten uns dann schräg rechts und erklimmen die Böschung, auf der der Radweg verläuft. Für etwa 150 Meter wenden wir uns nach rechts, bevor wir im spitzen Winkel nach links einschwenken. Diesem Hauptweg folgen wir, bis nach rechts eine gepflasterte Rampe bergauf führt. Der nächste Querweg bringt uns nach links zu

Der höchste Punkt
auf der Stinneshalde

Am Weg

Halde 7/Mathias Stinnes

Die Halde 7 oder Stinneshalde ist die dritte auf unserer Tour. Wie Per-
lenketten reihen sich die Halden hier zwischen Essen und Gladbeck
aneinander. Zwischen den Halden ist immer wieder viel Grün und ir-
gendwie fließen sie ineinander über in eine parkähnliche Landschafts-
form. Fast entsteht der Eindruck, als gehörten sie zusammen, diese vier
Halden, die eigentlich sechs sind, wenn man die Halde Graf Moltke I
und die Halde im Brauck noch mit dazu nimmt.

Die Stinneshalde liegt schon auf dem Stadtgebiet von Essen und ist mit
einer Höhe von 21 Metern die niedrigste und auch flächenmäßig die
kleinste der Haldenkette. Die ehemalige Schachtanlage Mathias Stinnes
I, II und V schließt sich südlich direkt an die Halde an.

Gepflegte Wege führen um die Halde herum und auf den Gipfel. Auch
diese Halde bietet viel Natur, Bänke und Möglichkeiten, sich zu ent-
spannen und Kraft zu tanken.

Am Weg

Halde 19

Die Halde 19 oder „Kippe 19" ist mit 28 Metern über der Umgebung niedriger als die Halde 22. Die Städte Gladbeck und Essen haben beide ihren Anteil an der Halde, die Stadtgrenze läuft mittendurch. Hier hat sich die Natur ihr Gebiet zurückerobert, dichtes Buschwerk und enger Baumbewuchs machen einen Besuch zu einem Naturerlebnis. Die Pavillons und Sitzgelegenheiten auf der Halde sind schon etwas in die Jahre gekommen und nicht mehr ganz so schön. Das kann vielleicht beim ein oder anderen Besucher ein ungutes Gefühl auslösen. Wir fanden den spröden Ruhrgebiets-Charme nicht schlimm, zumal die Natur sich hier ungehindert Platz machen darf. Ausblick

gibt es keinen, dafür eine Seilscheibe vom Förderschacht IV, Mathias Stinnes. Diese wurde 1984 auf den wohl höchsten Punkt der Halde gestellt. Mit ihren 6,5 Tonnen versucht sie sich in den Vordergrund zu drängen, aber die Hauptakteure auf dieser Halde bleiben die Natur und ihre Tier- und Pflanzenwelt.

einer Art Picknickplatz und dort gegenüber geht es rechts hinauf auf den Gipfel der Halde.

An einer Seilscheibe und einem weiteren Unterstand vorbei führt der Weg, bald wieder gepflastert, weiter. Wir verlassen den Hauptweg aber nach links und nehmen den Weg, dessen Böschung durch alte Bahnschwellen gesichert ist, und biegen an der Kreuzung nach rechts ab. Der nächste Weg links leitet uns zu einer Treppe, die uns wieder zum Hartmannshof hinunterführt. Dort wenden wir uns wieder nach links und gehen geradeaus zum Ausgangspunkt zurück.

Tour
6

 Startpunkt

 Zwischenziel

Parkplatz

Haltestelle

Kunstobjekt

Aussichtspunkt

Zielpunkt

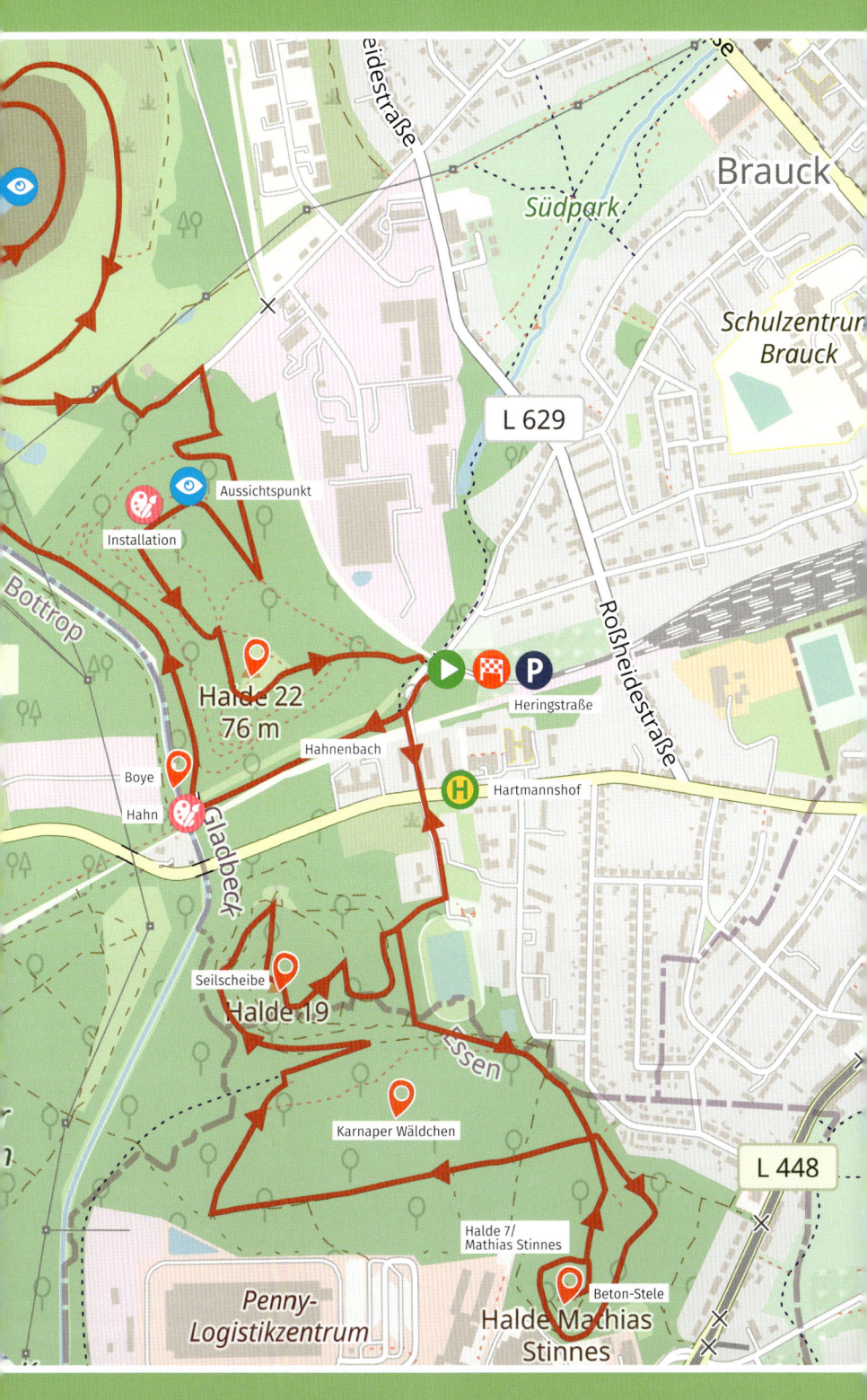

Brauck

Schulzentrum Brauck

Südpark

L 629

Roßheidestraße

Aussichtspunkt

Installation

Bottrop

Halde 22
76 m

Hahnenbach

Heringstraße

Hartmannshof

Boye

Hahn

Gladbeck

Seilscheibe

Halde 19

Essen

Karnaper Wäldchen

L 448

Halde 7/
Mathias Stinnes

Beton-Stele

Halde Mathias
Stinnes

Penny-
Logistikzentrum

Herkules im Blick

Vom Nordsternpark zur Schurenbachhalde

Es gibt kaum eine Stelle auf diesem Wanderweg, von dem aus er nicht zu sehen ist: der 18 Meter hohe Herkules hoch oben auf dem Nordsternturm. Bundesgartenschau 1997 und Kulturhauptstadtjahr 2010: Beide Großereignisse hat die Stadt Gelsenkirchen genutzt, um aus dem ehemaligen Gelände der Zeche Nordstern ein weitläufiges, teils parkähnliches, teils naturnahes Erholungsgebiet zu gestalten, das diese Runde auf beiden Seiten des Rhein-Herne-Kanals durchquert. Auf der anderen Seite der Emscher jenseits der Stadtgrenzen erhebt sich auf Essener Gebiet die Schurenbachhalde mit ihrer berühmten Bramme. Von hier oben hat man eine beeindruckende Sicht auf das ganze Ruhrgebiet – und natürlich zum Herkules.

Tour 7

 2:45 Std.   10,5 km   72 Meter

Start/Ziel: Parkplatz Amphitheater, Grothusstraße 201, 45883 Gelsenkirchen
Wegbeschaffenheit: breite, gute Wege, leichte Aufstiege, die variiert werden können
Anreise mit ÖPNV: Bushaltestelle Krokuswinkel
Besonderheit: Der Weg führt größtenteils durch das ehemalige Bundesgartenschaugelände. Spielplätze machen die Runde auch für Kinder attraktiv.

Wegbeschreibung:
Am „Parkplatz Amphitheater" vorbei gehen wir bis zur ersten großen Kreuzung im Nordsternpark. Dort wenden wir uns nach rechts und nehmen den ersten Pfad, der in Richtung Emscher abzweigt. Auf der anderen Seite des Flusses wandern wir zunächst geradeaus über die Brücke, die auf den Nordsternturm zuführt.,

Am Rondell wenden wir uns nach links und gehen dann nach nur 20 Metern wieder links den Hügel hinauf. Über die Treppe steigen wir zum Aussichtspunkt. Hinunter nehmen wir die andere Treppe und

Am Weg

Nordsternturm und Herkules

Als 1855 in Gelsenkirchen-Horst erstmals nach Steinkohle gebohrt wird, entsteht die bis dahin nördlichste Zeche im noch neuen Ruhrbergbau und die erste nördlich der Emscher. Der Nordsternturm wird in den 1950er-Jahren von dem Architekten Fritz Schupp als Turmförderanlage realisiert. Schupp hatte mit seinem kurz zuvor verstorbenen Kollegen Martin Kremmer auch die Zeche Zollverein gebaut, die heute zum Welterbe zählt. Anders als bei den für das Ruhrgebiet ansonsten typischen Fördertürmen verschwindet hier das Gerüst mit den Seilscheiben im Gebäude. So sollte die architektonische Einheit aller übertage befindlichen Bauten erzielt werden.

Der unter Denkmalschutz stehende Turm wurde als Projekt der Kulturhauptstadt RUHR.2010 um vier Etagen aufgestockt. Im Dezember 2010 wurde die 18 Meter hohe und 23 Tonnen schwere Skulptur „Herkules von Gelsenkirchen" des Künstlers Markus Lüpertz aufgesetzt.

Den besten Blick auf den Giganten hat man von der Besucherterrasse im obersten Stockwerk in 83 Metern Höhe.

Alle Informationen, auch zum Nordsternmuseum, unter: www.nordsternturm.de

gehen ganz nach unten in den Park. Dort wenden wir uns nach rechts und wandern unter der Fußgängerbrücke hindurch weiter.

Kurz vor den Felsen des Klettergartens wenden wir uns nach links bergauf und gleich wieder rechts. Nun wandern wir oberhalb der Felsen, bis nach links Stufen weiter hinaufführen.

Blick in den Nordsternpark

Am Weg

Nordsternpark

Moderne Kunst am Weg

An der gradlinigen Architektur der Zechengebäude orientierte sich auch die Umgestaltung des Zechengeländes zum Nordsternpark in den 1990er-Jahren. Geometrische Strukturen, gerade Sichtachsen und bewusst minimalistische Elemente, wie etwa die Doppelbogenbrücke über den Rhein-Herne-Kanal prägen das Bild.

Spielplätze, Rad- und Wanderstrecken, Kletterfelsen: Der Nordsternpark macht viele sportliche Angebote. Und natürlich fehlt auch die Kunst nicht: Die Graffiti-Wand verändert ständig ihr Gesicht und im Amphitheater finden regelmäßig Veranstaltungen statt.

Der Carbon-Obelisk
von Rita McBride

Oben angekommen, halten wir uns rechts und gehen an einer Aussichtsplattform vorbei wieder hinunter. Die nächste Kreuzung überqueren wir – links unter uns ist bereits wieder die Emscher zu sehen. Nun verlassen wir die kleine Halde und gehen an der rechten Seite der Emscher geradeaus weiter.

Am Carbon-Obelisk wenden wir uns nach links, überqueren die Emscher und gehen zwischen dieser und dem Rhein-Herne-Kanal wieder zurück in Richtung Nordsternpark. Die erste Brücke überqueren wir nach rechts, die Schurenbachhalde ist hier ausgeschildert.

An der großen Kreuzung – die Radwege kommen hier am Knotenpunkt 61 zusammen – wenden wir uns nach rechts, aber schon nach ungefähr 50 Metern wieder nach links und steigen auf dem Pfad

Blick über den
Rhein-Herne-Kanal

Am Weg

Carbon-Obelisk

Der Bezug zum Standort liegt schon im gewählten Material: Carbon wird aus Kohlenstoff hergestellt. Die Künstlerin Rita McBride hat ihren Obelisken – ein Objekt, das eigentlich nur für sehr besondere Orte gewählt wird – zwar 14 Meter hoch, aber trotzdem unscheinbar unter einer Hochspannungsleitung platziert. Seit dem Kulturhauptstadtjahr 2010 vermittelt er dennoch die selbstbewusste Botschaft einer ganzen Region: Es mag eine schmutzige und harte, eine raue Vergangenheit sein, die das Ruhrgebiet geprägt hat, aber sie ist auch einzigartig und bringt ganz neue Verbindungen von Industriegeschichte, Natur und Kunst hervor – gut zu besichtigen zum Beispiel auf dieser Wanderung!

bergauf. Auf dem Querweg wenden wir uns kurz nach rechts, nur um direkt wieder nach links weiterzugehen. Die nächste Kreuzung passieren wir geradeaus, erst an der T-Kreuzung biegen wir nach rechts ab. Nur 20 Meter weiter nehmen wir den Pfad, der nach links abzweigt.

An einer kleinen Wasserfläche biegen wir nach links ab und erreichen nach einem Anstieg einen breiten Weg, auf dem wir nach links gehen. Wo von links die Treppe hinauf kommt, wenden wir uns nach rechts zum Gipfel. Wir gehen zur Bramme und an dieser vorbei geradeaus über die Halde. Den breiten Weg verlassen wir, wo im spitzen Winkel nach links eine Möglichkeit abzweigt, zur Treppe zurückzuwandern. Die Stufen führen uns an den Fuß der Halde, wo wir bis zur Straße gehen. Für ein paar Meter wenden wir uns nach links, bevor wir nach rechts in die Eickwinkler Straße einbiegen.

Hinter der Unterführung gehen wir sofort nach links und folgen dem breiten Schotterweg in einem Bogen hinauf. Bei der nächsten Abzweigung nehmen wir den schmaleren Pfad, der nach links hinaufführt und bei nächster Gelegenheit halten wir uns rechts. Knapp unterhalb des Haldengipfels stoßen wir auf einen breiten Weg, in den wir nach rechts wandern, bis es geradeaus nicht weitergeht. Dort nehmen wir den linken der beiden Wege, die nach links ab-

Die „Bramme" des Künstlers Richard Serra

Am Weg

„Bramme für das Ruhrgebiet"

Von Weitem erscheint sie weit weniger spektakulär als die großen Aufbauten auf anderen Halden. Doch ihre Maße sind beeindruckend: Das 70 Tonnen schwere Kunstwerk des amerikanischen Künstlers Richard Serra ragt fast 15 Meter in den Himmel – und ist fast ebenso tief im Boden verankert. Auf der spröden Haldenfläche, von der man fast das ganze Ruhrgebiet überblickt, erinnert das Kunstwerk nicht nur an Kohle und Stahl als Urgrund des Ruhrgebiets, sondern es steht auch für den Struktur- und Kulturwandel, dem sich die Region verschreiben musste und den sie mit Herz und Seele betreibt.

zweigen. Er führt uns bergauf auf den höchsten Punkt der Halde.

An den Bänken nehmen wir den breiten Pfad nach links wieder hinunter, biegen nach rechts ab und nehmen in der Kurve wieder den Weg nach links bergab. In den breiten Querweg gehen wir nach links und erreichen so eine kleine Asphaltstraße, die uns nach rechts wieder zum Knotenpunkt 61 zurückführt. Dort wenden wir uns nach rechts Richtung Nordsternpark. Am

Die Brücke am Europator

Rhein-Herne-Kanal entlang wandern wir, bis gegenüber der Graffiti-Wand rechts ein weiterer Weg parallel zum Kanal weiterführt. Von diesem zweigen wir noch einmal rechts ab und umrunden in weitem Bogen ein Landschaftsschutzgebiet. Am Europator wenden wir uns nach links, überqueren die Brücke und gehen dahinter gleich rechts zum Parkplatz zurück.

Tour 7

 Startpunkt

 Zwischenziel

 Parkplatz

 Haltestelle

 Kunstobjekt

 Kulturstätte

 Aussichtspunkt

 Zielpunkt

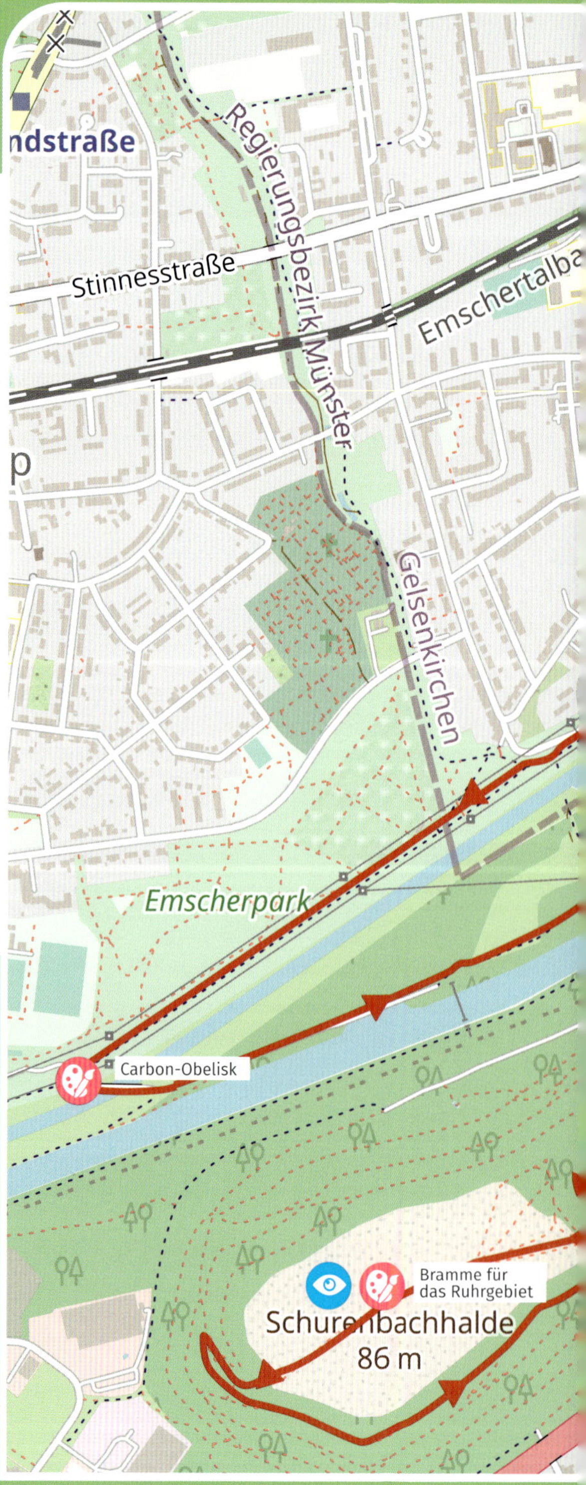

ndstraße

Stinnesstraße

Regierungsbezirk Münster

Emschertalba

Gelsenkirchen

Emscherpark

Carbon-Obelisk

Bramme für
das Ruhrgebiet

Schurenbachhalde
86 m

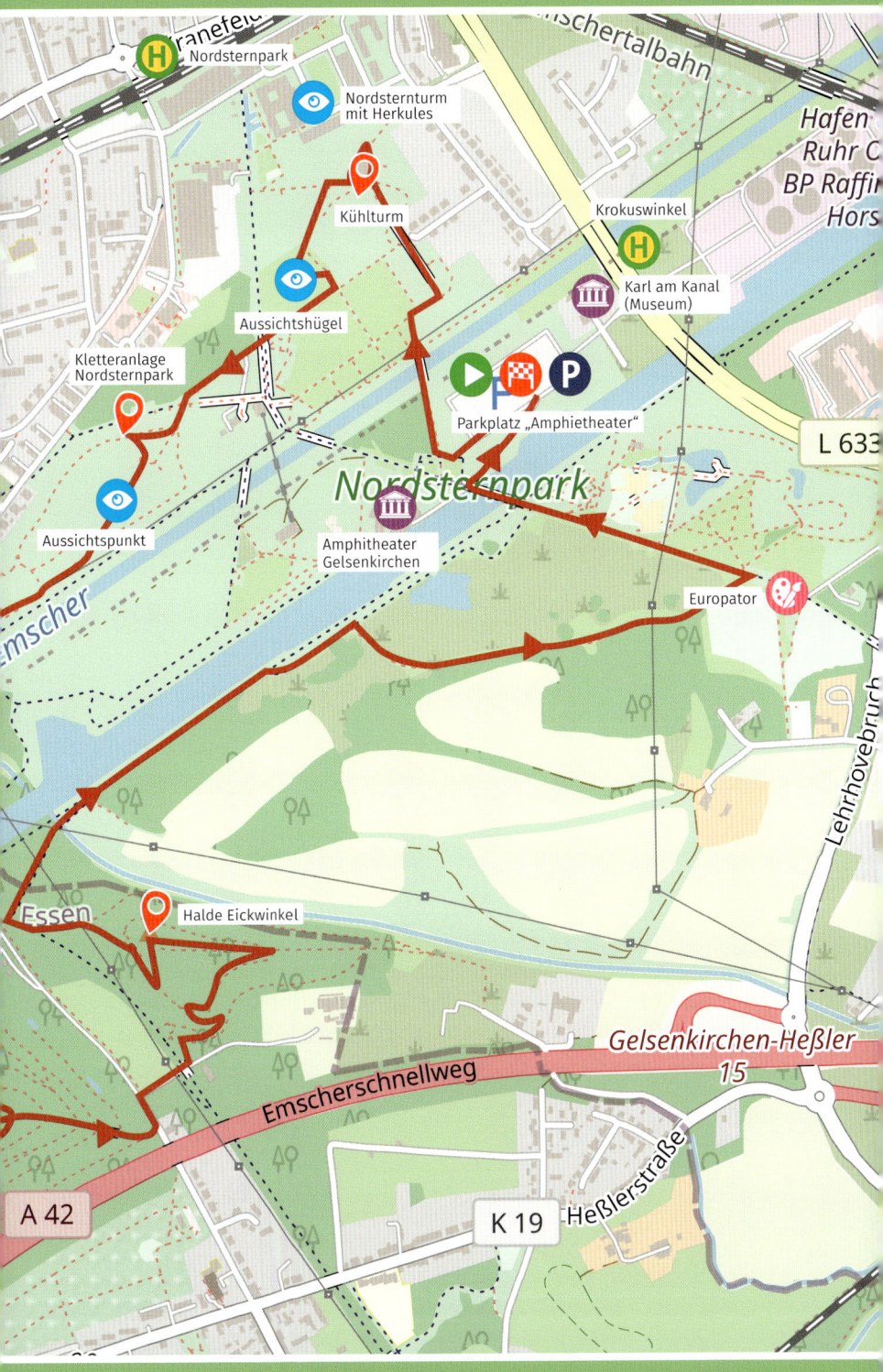

Halde neben Eiszeitberg

Zwischen Halde Rheinelbe und Mechtenberg

Vor lauter Industrievergangenheit und Strukturwandel gerät leicht in Vergessenheit, dass auch die Ruhrregion eine vorgeschichtliche Vergangenheit hat. Und natürliche Berge wie den Mechtenberg, auf dem Spuren aus der Steinzeit gefunden wurden. Aber was heißt schon „natürlich" rund um die Halden des Ruhrgebiets? Ist der artenreiche Laubmischwald des Industriewaldes auf der ehemaligen Zeche Rheinelbe wirklich weniger natürlich als die gestaltete Parklandschaft auf dem von der letzten Eiszeit geformten Mechtenberg? Darauf kann jeder und jede auf dieser Wanderung eine eigene Antwort finden ...

Tour 8

 2:45 Std.   10,5 km   94 Meter

Start/Ziel: Parkplätze am Technologiepark, Virchowstraße, 45886 Gelsenkirchen
Wegbeschaffenheit: Waldwege, Schotterwege, asphaltierte Rad- und Gehwege
Anreise mit ÖPNV: Haltestelle Virchowstraße

Wegbeschreibung:

Hinter dem Parkplatz am Technologiepark an der Virchowstraße ist nach links die Forststation Rheinelbe ausgeschildert. Wir folgen dem Schild und nehmen nach der Rechtskurve den Weg, der an dem alten Gemäuer nach links abzweigt.

Im Von-Wedelstaedt-Park

Durch das rote Tor verlassen wir den breiten Weg nach links in den Industriewald und folgen dem Pfad bis zur T-Kreuzung, an der wir uns nach links wenden. Nach einer Senke erreichen wir etwas höher eine Kreuzung, die wir geradeaus überqueren, um bald eine kleine Anhöhe zu erklimmen.

Am Weg

Forststation Rheinelbe

Dem sogenannten Industriewald, der sich über viele Jahrzehnte ausgebreitet hat, gebührt besondere Aufmerksamkeit. Dazu wurde das ehemalige Schalthaus der Zeche als Forststation des Landes ausgebaut. Hier untersucht man zum Beispiel, warum sich Pflanzen aus wärmeren Erdteilen gerne auf den nährstoffarmen und trockenen Böden der Halden ansiedeln: amerikanische Goldrute und Nachtkerze, ostasiatischer Sommerflieder oder der japanische Staudenknöterich, der die Fähigkeit hat, Schwermetalle aus dem Boden aufzunehmen und damit der Bodensanierung dienlich sein könnte. Der Grünspecht ist hier anzutreffen – an seinem Schrei, der wie ein Lachen klingt, kann man ihn erkennen, auch ohne ihn zu sehen. Lachen ist ein gutes Stichwort: Die Forststation hat sich nicht nur ökologische, sondern auch soziale Aufgaben gestellt, und der Wald hat schon in vielen Besuchergruppen, Schulklassen und Vereinen seine heilende Wirkung getan – weswegen die Station im Jahr 2020 auch einen Preis erhalten hat im Rahmen der UN-Dekade Biologische Vielfalt in der Kategorie „Soziale Natur, Natur für alle".

Oben wenden wir uns in einem kleinen Birkenwald nach rechts wieder bergab. Alte Steine und Gebäudereste bilden die Stufen einer breiten Treppe, auf der wir wieder zum Hauptweg zurückkehren. Dort wenden wir uns nach links und an der nächsten Gabelung noch einmal. Der Pfad führt uns auf eine Art Kamm, den das Gelände hier bildet. Auf diesem wandern wir nach rechts, bis wir an eine Treppe stoßen, die nach rechts hinunterführt. Diese benutzen wir aber nicht, sondern wenden uns nach links und dann auf dem Fahrradweg noch einmal nach links.

Vor der Brücke nehmen wir die Treppe hinunter, unterqueren sie und wenden uns gleich danach nach links und im Von-Wedelstaedt-Park nach rechts. So gelangen wir an einen kleinen Teich und halten dahinter nach rechts auf den Fahrradweg zu. Diesen überqueren wir und gehen geradeaus bis zur nächsten Kreuzung und dort rechts. Vor uns erkennen wir bald wieder die Brücke über den Hauptweg. Davor

Auf Rheinelbe

Am Weg

Die Himmelstreppe auf der Halde Rheinelbe

Der Künstler Herman Prigann hat der Halde ihr eigenes Gesicht verliehen. So nutzte er, was schon vorhanden war: den üppigen, fast urwaldähnlichen Wald und die Überreste der alten Zechengebäude. Die Halde, die etwa 100 Meter über Normalnull liegt und so schon recht beeindruckend aus der Umgebung herausragt, besticht aber vor allem durch die imposante Landmarke. Die „Himmelstreppe" steht frei auf dem aufgeschütteten anthrazitfarbenen Spitzkegel des Tafelberges. Sie wirkt von unten betrachtet wie der Teil eines Maya-Tempels und erst von Nahem wird erkennbar, dass der Künstler 35 Betonquader aus den ehemaligen Zechengebäuden zu einem Turm aufgestellt hat. Prigann ließ sich dabei vom Turmbau zu Babel inspirieren und will mit seinen Kunstwerken die Vergänglichkeit aller Bauversuche sichtbar machen und auch vor der Gefahr warnen „zu hoch hinaus zu wollen".

Dort oben auf dem Gipfel stört kein Grün den Ausblick ins mittlere Ruhrgebiet, der Wind bläst und man fühlt sich, wie es der Name des Kunstwerks verheißt, dem Himmel ein Stück näher. Am Weg hinunter begegnet man dem Künstler wieder – auf Betonstelen, von denen manche umgefallen und zerbrochen sind, hat er Bergmannslyrik eingraviert. Auch hier wieder im Mittelpunkt: die Themen Industrie, Verfall und Vergänglichkeit, aber auch die Kraft der Natur, die sich ihren Platz zurückerobert und dem Menschen dienen möchte. So wachsen Heilpflanzen am Wegesrand wie die Wilde Karde, Natternköpfe, Eisenkraut oder Tausendgüldenkraut. Und in den feuchten Waldflächen rund um die Halde hört man von April bis Sommer die Kreuzkröten, die sich hier besonders wohlfühlen.

wenden wir uns allerdings nach links und gelangen im Wald an eine Art Geländer, an dem wir rechts vorbeigehen. Dahinter halten wir uns sofort links. In einer weiten Kurve wandern wir um die Ebene herum, links von uns immer die Abbruchkante. Vor dem Hügel, auf den wir schließlich zugehen, gehen wir links und gelangen so wieder auf den Radweg, der uns nach links an den Fuß der Halde Rheinelbe führt.

Von dem Kunstobjekt „Windwaage" aus erklimmen wir die Halde – wir entscheiden uns, rechts herum zu gehen. Nach dem Besuch der Himmelstreppe auf dem Gipfel der Halde nehmen wir den hintersten der drei Wege, die von der Treppe aus gesehen spiralförmig nach rechts den Hang wieder hinunterführen.

So kommen wir wieder an die Windwaage und gehen nun geradeaus Richtung Essen weiter. Wir folgen dem Fahrradweg, überqueren

Am Weg

Mechtenberg

Zwischen den Städten Essen, Gelsenkirchen und Bochum gibt es einen ganz besonderen Berg, einen, der nicht vom Menschen geschaffen wurde, sondern von der eiszeitlichen Natur.

Die Ruhr beförderte in der kalten und niederschlagsreichen Zeit große Schottermengen und diese bildeten den 100 Meter hohen Mechtenberg. Dass er heute nur noch 84 Meter hoch ist, liegt wiederum am Menschen und seinem Eingriff in die Natur: Hat man einerseits neue Berge aufgeschüttet, sackte der Mechtenberg hingegen durch die Bergsenkungen aus dem Grubenbau um 16 Meter ab. Als einzige Erhebung weit und breit war er wohl schon in der Steinzeit für die Menschen Siedlungs- und Kulturraum. Dies belegen Funde von bearbeiteten Feuersteinen aus der Mittelsteinzeit (8.000 bis 5.000 v. Chr.)

Heute ziert ein anderes Kulturgut den Gipfel des Berges: einer von etwa 240 Bismarcktürmen, die um die vorletzte Jahrhundertwende errichtet wurden.

Die Brücke verbindet

schließlich auf einer Brücke die Bundesstraße und gehen danach bei nächster Gelegenheit nach rechts. So wandern wir zunächst in Richtung Bundesstraße und davor links.

Hinter dem „Bauernhof am Mechtenberg" zweigen wir in die kleine Straße nach links ab, die uns bis zur Bahnlinie führt. Davor schwenken wir in den Fußweg nach rechts zum Mechtenberg ein, nehmen aber sofort den schmalen Pfad auf direktem Weg den Berg hinauf. Vom Bismarckturm schauen wir zurück zur Halde Rheinelbe und gehen auf dem gepflasterten Weg wieder hinunter. An der Kreuzung

Am Weg

Mechtenberg-Brücken

Die fächerförmige Stahlkonstruktion wirkt wie aus Bambus gebaut und vermittelt so Leichtigkeit und Beschwingtheit. Eigentlich sind es Eisenträger mit Knotenverbindungen, die diese Wirkung erzeugen und die 130 Meter lange vom Atelier Frei Otto geplante Brücke tragen. Gemeinsam mit der nur 34 Meter langen Schwesterbrücke verbindet sie nicht nur die Menschen untereinander, sondern auch den natürlich entstandenen Mechtenberg und seine landwirtschaftlichen Flächen mit dem künstlichen Berg, der Halde Rheinelbe, und dem „Industriewald".

wenden wir uns nach rechts und an der nächsten Gabelung noch einmal. An einer Infotafel überqueren wir einen weiteren Weg und gehen mit Blick auf die Himmelstreppe weiter.

Wir überqueren die Mechtenbergbrücke über die Bundesstraße; nach den Klangsteinen wandern wir über die Kreuzung hinweg. So gehen wir – auch an der nächsten Querstraße – immer geradeaus durch den Park, bis wir kurz vor der Virchowstraße den gepflasterten Weg nach rechts nehmen. Dort müssen wir noch die Leithestraße überqueren und ein Stück der Virchowstraße folgen und kommen so zurück zum Ausgangspunkt.

Gastronomie:

Bauernhof am Mechtenberg,
Am Mechtenberg 5,
45309 Essen,
Telefon 0201/5587726,
www.bauer-budde.de

„Windwaage" am Fuß der Halde

Tour
8

 Startpunkt

 Zwischenziel

 Parkplatz

 Haltestelle

 Kunstobjekt

 Aussichtspunkt

 Gastronomie

 Zielpunkt

ausen

NSG Mechtenb

NSG Mechtenberg

Blick nach
Gelsenkirchen (Osten)

Bismarckturm Essen

Me   Blick nach Westen

83 m

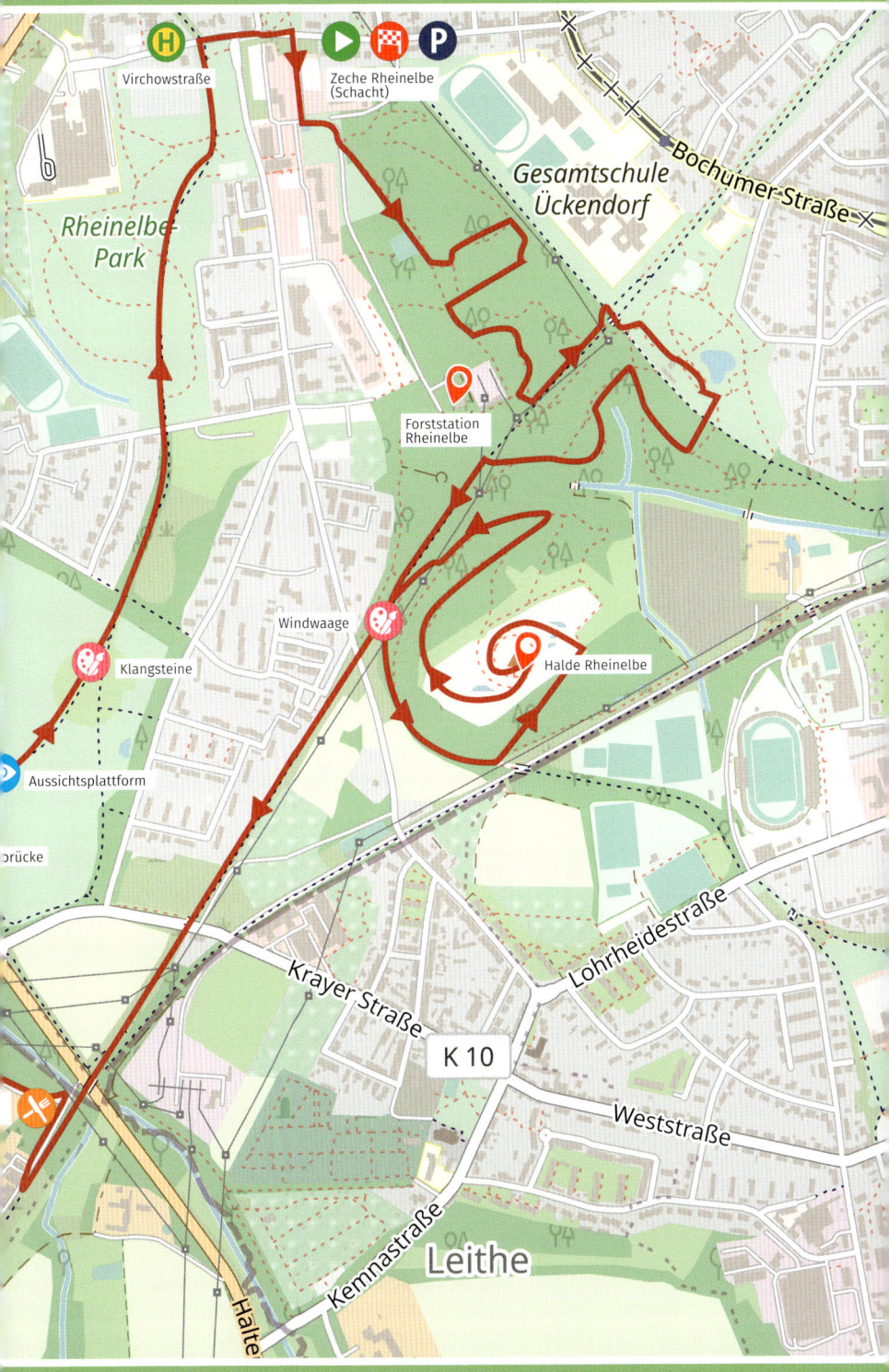

Dem Himmel so nah

Die Halden Hoheward und Hoppenbruch

Wie riesig diese Haldenlandschaft ist, wird mit Blick auf die Kilometer-Angabe klar: Eine kurze Runde über die Hoheward gibt es schlicht nicht, alleine die Umrundung auf der Balkonpromenade dauert mindestens eineinhalb Stunden. Und dann ist man nicht einmal oben gewesen! Und höher hinaus kann man in diesem Teil des Ruhrgebietes nicht. Sonnenuhr und Horizontobservatorium auf dem Haldenplateau verbinden uns mit der Sehnsucht der Menschen aller Zeiten danach, den Kosmos zu durchdringen. Es ist faszinierend zu spüren, dass es keinesfalls anmaßend ist, sich hier in eine Linie mit den bekannten Observatorien zu stellen. Die menschliche Gemeinschaft ist zwar nicht mehr bäuerlich, wie sie es in Stonehenge oder Goseck war, aber die Orientierung am Himmel zu suchen ist vielleicht wichtiger denn je: Ein Blick in die Umgebung, in die sich wandelnde Industrielandschaft beweist das.

4:15 Std.	14,3 km	387 Meter

Start/Ziel: Karlstraße 55, 45661 Recklinghausen
Wegbeschaffenheit: überwiegend breite, nicht-asphaltierte Fußwege, abseits von Straßen
Anreise mit ÖPNV: Haltestelle Zeche Recklinghausen I

Wegbeschreibung:

Wir beginnen die Wanderung am Halden-Zugang „Stadtteilpark Hochlarmark" und nehmen die Stufen zum Förderturm. Von dort gehen wir auf die Halde zu. Der Weg führt uns über die Drachenbrücke und dann in Serpentinen hinauf zunächst zur Sonnenuhr. Dort halten wir uns links, um zum Horizontobservatorium weiterzugehen.

An diesem wandern wir links vorbei und wählen den nächsten Weg, der schräg links in Richtung Balkonpromenade bergab führt. Wiederum über Serpentinen steigen wir ab, bis wir uns vor einer Aussichtsplattform nach rechts wenden. Über eine geschwungene Brücke gelangen wir an einen weiteren Balkon und dahinter nehmen wir an der Gabelung den rechten Weg. Gegenüber dem Windrad auf der Halde Hoppenbruch nehmen wir am nächsten Balkon die Serpentinen links hinunter und gehen im Tal geradeaus auf die kleinere Halde zu. Den breiten asphaltierten Platz verlassen wir auf dem Wanderpfad nach links, der uns bis zur nächsten Ebene führt. Dort halten wir uns wieder links.

Die Drachenbrücke

Am Weg

Drachenbrücke

Die 18 Meter lange Drachenbrücke führt vom Stadtteilpark Hochlarmark und der ehemaligen Zeche Recklinghausen II über die Cranger Straße zur Halde Hoheward. Die Konstruktion, die wie das Gerippe des feuerspeienden Tiers wirkt, dessen Kopf nach hinten blickt, um die Besucher der Halde zu begrüßen, bewacht den östlichen Eingang zur Halde. Die Feuerenergie des Drachen und die der Steinkohle vereinen sich hier in dem 198 Tonnen schweren gewaltigen Kunstwerk.

Am Weg

Halde Hoheward

Zusammen mit der angrenzenden Halde Hoppenbruch bildet die Halde Hoheward mit rund 160 Hektar die größte Haldenlandschaft Europas. Sie entstand aus Schüttungen der Zeche Recklinghausen II, der Zeche Ewald und der Zeche General Blumenthal. Ihr höchster Punkt liegt 152 Meter über dem Meeresspiegel – nur die Halden Oberscholven und Haniel sind noch höher. Ein Landschaftsbauwerk der ganz besonderen Art: beeindruckend, informativ und erholsam. Die Ausdehnung der Halde ist gewaltig und in jede Himmelsrichtung zeigt sie ein anderes Gesicht. Hoheward ist von allen Seiten aus gut zu begehen, ein dichtes Wegenetz aus Rundwegen und Aufstiegen bietet viele Möglichkeiten. Eine Balkonpromenade führt auf sechs Kilometern um die Halde herum und bietet von zehn Aussichtsplattformen mit Informationstafeln Ausblicke in die Umgebung. Im nordwestlichen Teil befindet sich die Ewald-Empore, ein stählerner Aussichtsturm, der den Blick frei gibt auf die Zeche Ewald und das Stadtzentrum von Herten. Das Horizontobservatorium, das in die Welt der Sterne entführen möchte, ist von fast überall im östlichen Ruhrgebiet zu sehen.

Das Horizontobservatorium

Obelisk und Sonnenuhr

Der achteinhalb Meter hohe Edelstahl-Obelisk an der horizontal angelegten Sonnenuhr lädt nicht nur dazu ein, die Tageszeit und den Kalendertag zu messen, sondern entführt nach Ägypten und ins alte Rom. Die kreisrunde Fläche vor dem himmelstrebenden, riesigen Zeiger hat ihr Vorbild im Solarium des römischen Kaisers Augustus und die Informationstafeln am Boden entführen in die Welt der Astronomie und Astrologie. Erhaben und stolz wie ein ägyptischer Pharao oder ein römischer Kaiser fühlt man sich an diesem beeindruckenden Ort an der Ostseite der Halde Hoheward.

Am Weg

Horizontobservatorium

Das Horizontobservatorium im nördlichen Teil der Halde ist inspiriert von den prähistorischen Steinkreisen wie in Stonehenge oder dem Sonnenobservatorium in Goseck und könnte dazu anregen, sich in seine Mitte zu stellen und den Sonnenlauf und den Lauf des Mondes und der Sterne zu visualisieren. Die kreisrunde Fläche und die beiden Bögen mit einer Höhe von etwa 45 Metern bilden die Sichtachsen ins Universum und beeindrucken durch ihre Größe und Ausdehnung. Aber diese wurden dem Kunstwerk auch zum Verhängnis: Im November 2008 eröffnet, musste dieses moderne Horizontobservatorium nach nur zwei Monaten aus Sicherheitsgründen wieder gesperrt werden. Die Statik der gewaltigen Bögen ist nicht gewährleistet, und so können sich die Besucher nicht in seine Mitte stellen und dem Universum und seinem Lauf lauschen. Trotzdem ist das von Weitem zu sehende Observatorium als Landmarke beeindruckend und prägend für die Halde und ihre Umgebung.

Es ist zu hoffen, dass das Horizontobservatorium wieder zugänglich wird …

Wo links am Weg ein Holzschild steht, das bergab zur Hohewardstraße zeigt, führt nach rechts ein Pfad aufwärts. Diesem folgen wir bis zur nächsten Ebene, auf der wir nach links abbiegen und auf einer Höhe bis zur Südspitze der Halde wandern. Dort nehmen wir an der Kreuzung den geschotterten Weg nach rechts bergauf und halten uns an der nächsten Gabelung wieder rechts, um auf dem breiten Weg zum Gipfel der Halde zu gelangen. Dafür biegen wir an der Kreuzung mit einem weiteren Hauptweg nach rechts ab und steigen zum Windrad auf dem höchsten Punkt der Halde hinauf.

Vom Windrad kommend gehen wir zurück bis zu dieser Kreuzung. Nun nehmen wir die breite Schotterstraße nach rechts abwärts, nun thront das Windrad rechts über uns.

Am Weg

Halde Hoppenbruch

Bereits während der Schüttung wurde diese Halde als Landschaftsbauwerk gestaltet, mit Sträuchern und Bäumen bepflanzt und der Öffentlichkeit zugänglich gemacht. Das Windrad, das schon von der Halde Hoheward zu bewundern ist, zeigt, dass die Stromgewinnung auf den ehemaligen Steinkohlehalden heute modern und umweltschonend erfolgen kann. Und so stört es auch nicht, dass man sich auf dem Gipfel der Halde direkt unter dem imposanten Bauwerk befindet. Ganz im Gegenteil ist es faszinierend, über sich die riesigen Flügel des Rades zu sehen, die eine eigene Melodie in den Himmel rufen. Beeindruckend ist auch der Blick auf die Schwesterhalde Hoheward mit ihren imposanten Landmarken und den Aussichtsplattformen. Die Halde Hoppenbruch ist aufgrund der Downhill-Strecke vor allem bei Radfahrern sehr beliebt, deshalb sollte beim Wandern besondere Vorsicht walten.

Haldenimpression mit Windrad

Am Weg

Zeche Ewald

Rund 125 Jahre wurde in dem Bergwerk Ewald 1/2/7 Steinkohle gefördert, die Stilllegung erfolgte im Jahr 2000. Es galt lange Zeit als eine der produktivsten Anlagen des Ruhrgebiets. Mehr als 4000 Bergleute arbeiteten hier. Und die Erfolgsgeschichte hält an, mittlerweile ist auf dem Zechengelände der „Zukunftsstandort Ewald" ansässig. Entlang der Ewaldpromenade sind die alten Gebäude mit ihrem speziellen Industriecharme zu bewundern. Viele Zechengebäude wurden renoviert und beherbergen den Gewerbepark, Wohnungen, das RVR-Besucherzentrum samt Dauerausstellung zur Horizontastronomie, Veranstaltungsräumlichkeiten und Gastronomie. Informationen zum Besucherzentrum Hoheward unter: www.hoheward.rvr.ruhr

Gastronomie: am Besucherzentrum Hoheward

In der Dämmerung herrscht eine besondere Stimmung auf der Halde.

Wieder im Tal zwischen den beiden Halden angekommen, wenden wir uns nach links Richtung RVR-Besucherzentrum, das hier bereits ausgeschildert ist. So kommen wir an einem kleinen Wasserspeicher vorbei. Dahinter führt uns nach rechts ein Kanal auf den Förderturm der Zeche Ewald zu.

Durch ein Gebäude der Zeche erreichen wir den Doncaster-Platz. Wer zum RVR-Besucherzentrum will, geht hier geradeaus am zweiten Förderturm vorbei und dahinter links. Unser Rundweg führt uns am Doncaster-Platz aber nach rechts wieder auf die Halde, die Treppe oder die Serpentinen hinauf zur Ewald-Empore. Unter dieser geht es hindurch und auf das grüne Tor zu. Dort halten wir uns links und schwenken bald in die Asphaltstraße nach rechts ein und lassen uns noch einmal zum Horizontobservatorium leiten. Nun gehen wir an seiner anderen Seite vorbei und nehmen die Treppe oder die Serpentinen links hinunter, bis nach rechts wieder die Drachenbrücke beschildert ist. So gehen wir zum Ausgangspunkt zurück.

Startpunkt

Zwischenziel

Parkplatz

Haltestelle

Gastronomie

Aussichtspunkt

Kulturstätte

Kunstobjekt

Zielpunkt

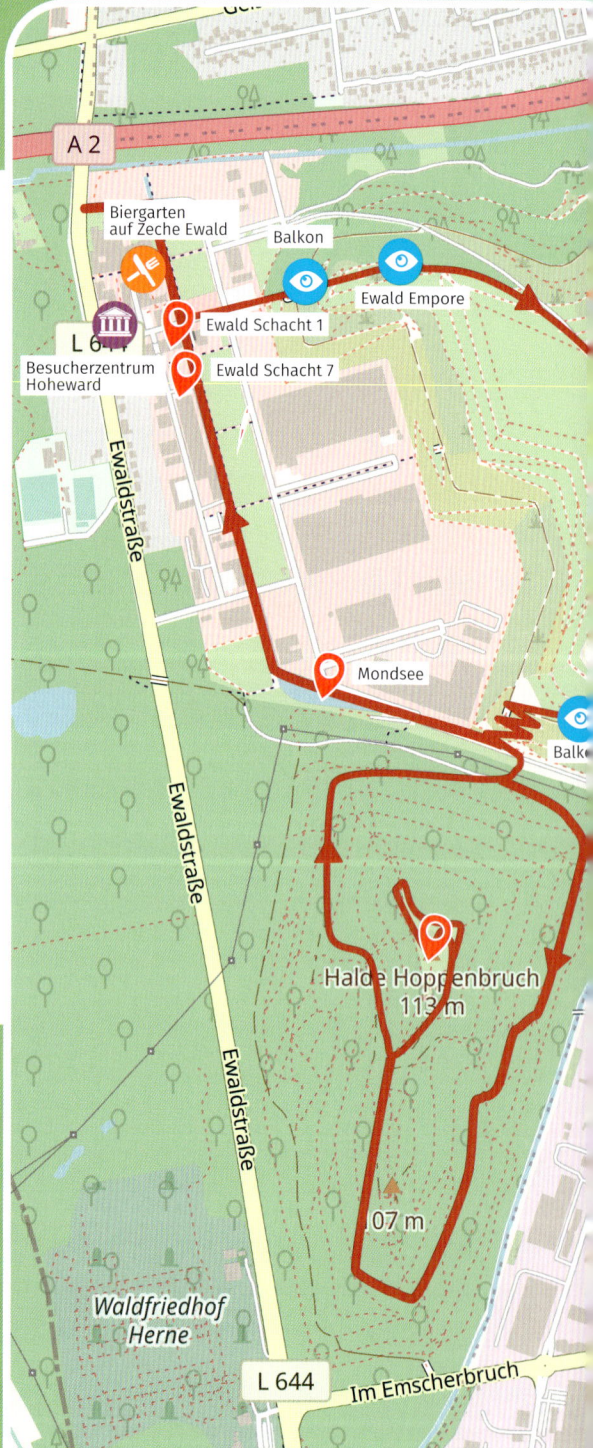

A 2

Biergarten
auf Zeche Ewald

Balkon

Ewald Empore

L 6

Ewald Schacht 1

Besucherzentrum
Hoheward

Ewald Schacht 7

Ewaldstraße

Mondsee

Balk

Ewaldstraße

Halde Hoppenbruch
113 m

Ewaldstraße

07 m

Waldfriedhof
Herne

L 644   Im Emscherbruch

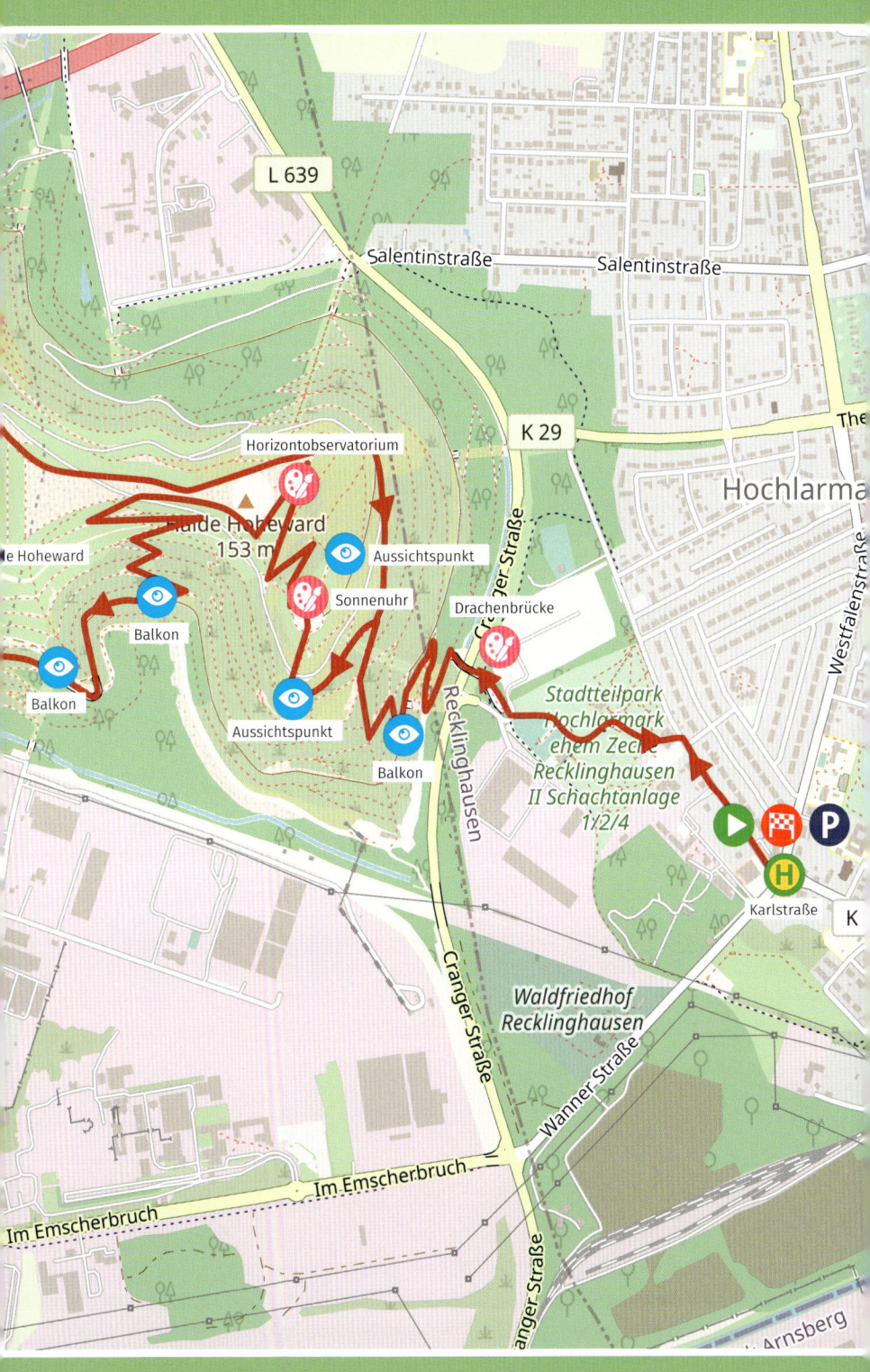

Alte und neue Berge

Die Halde General
Blumenthal
und die Haard

Wenn sonst die Halden weit und breit die einzigen Erhebungen bieten – hier ist es anders. Die Halde General-Blumenthal wirkt eher wie ein kleines „Vorgebirge" der Haard, und wir machen uns auf, einen „echten" Berg zu besteigen: den Stimberg, den höchsten Berg des Naturparks Hohe Mark. Aber auch auf dem Weg dorthin werden wir die Industrievergangenheit dieser Region nicht vergessen – selbst wenn wir uns durch das Naturschutzgebiet Silvertbach und bäuerliche Kulturen bewegen: Bis Oer wandern wir nämlich auf der Trasse der alten Zechenbahn. Dann nimmt uns die Haard auf mit ihrem dichten Wald, ihrem oft dünenartigen Boden und ihrer bezaubernden Energie. Da wundert es nicht, dass hier schon immer Menschen gesiedelt haben, wie zahlreiche Hügelgräber beweisen.

3:45 Std. 13,2 km 155 Meter

Start/Ziel: Haardstraße, an der „Mutter Wehner",
45739 Oer-Erkenschwick
Wegbeschaffenheit: Naturpfade, Schotterwege,
kleine verkehrsarme Straßen
Anreise mit ÖPNV: Haltestelle Jugendherberge
oder Oer-Mitte
Schwierigkeit: mittel

Wegbeschreibung:
Wir starten an der Gaststätte „Mutter Wehner" und gehen gegenüber über den Parkplatz und dahinter geradeaus, links von der Wiese. An der T-Kreuzung biegen wir rechts ab und wandern auf dem Haardgrenzweg in den Wald.

Am „Kinder- und Jugendcamp Haard" treffen wir auf eine Querstraße, die Holthäuser Straße, in die wir nach links abbiegen. Dieser folgen wir auch auf der anderen Seite der Landstraße, an einem Campingplatz vorbei.

Am Weg

Die Halde General Blumenthal

Wer sich in Recklinghausen auskennt, weiß, dass eine Halde mit diesem Namen noch eine Nummer braucht, um nicht verwechselt zu werden: Halde General Blumenthal VIII heißt also die Gastgeberin auf dieser Wanderung. Hier wurde bis in die 1990er-Jahre das Bergematerial der nördlichsten Schachtanlage mit der Nummer VIII der Zeche General Blumenthal aufgeschüttet. Der Schacht ist noch an der Protegohaube auf dem nordwestlichen Hügel zu erkennen.

Nur 22 Meter höher als der Silvertbach ist die Halde eher niedrig und wirkt ein bisschen wie ein Ausläufer der nahen Haard. Dieses natürliche Aussehen ist gewollt, der kleine Berg ist wie eine Parklandschaft gestaltet und seine Wellen wirken ganz natürlich. Es ist ein einladender und freundlicher Ort, und dazu passt, dass er europäische Völkerverständigung zu vermitteln sucht: Der Baumlehrpfad präsentiert einen Baum aus jedem Land der europäischen Union.

Übrigens: Es steht noch das eine oder andere Verbotsschild, aber keine Sorge: Offizielle Wanderwege führen inzwischen über die Halde.

Auf dem Baumlehrpfad

Ausblick von der Halde General Blumenthal

Auch an der nächsten Querstraße verändern wir unsere Richtung nicht, sondern gehen geradeaus, rechts von uns befindet sich nun das Naturschutzgebiet Silvertbach.

Vor dem zweiten Bauernhaus zweigen wir nach rechts in den Rad- und Wanderweg ab. Seinen Markierungen folgen wir an der nächsten Wegekreuzung schräg rechts. Nun befinden wir uns bereits auf dem Haldengelände und wandern oberhalb des Silvertbaches, bis rechts eine kleine Siedlung beginnt.

Dort zweigen wir in den Pfad nach links ab und nehmen an der nächsten Kreuzung den Weg, der nach links auf die Halde hinauf- führt. Diesem folgen wir um den Gipfel herum bis zu einer Kreuzung, an der zwei Bänke stehen. Geradeaus wandern wir über einen Baum- lehrpfad weiter.

Der Schotter- geht bald in einen Asphaltweg über, dem wir zunächst nach rechts und dann nach links folgen. So treffen wir wieder auf die Holthäuser Straße und gehen geradeaus auf dem linken, dem nicht asphaltierten Weg weiter. Bei nächster Gelegenheit zweigen wir nach links auf den Fußweg ab, dem wir über eine kleine Asphaltstraße hinweg geradeaus folgen. Weiter geht es auf der ehemaligen Trasse der Zechenbahn bis nach Oer. Vor einer Überführung gehen wir links abwärts zur Recklinghäuser Straße und dort wieder links.

Von ihr und – nach der Kreuzung – von der Klein-Erkenschwicker Straße lassen wir uns durch den Ort führen, bis wir nach links in die Haardstraße abbiegen. Hinter dem Schulgelände verlassen wir diese

Am Weg

Der Stimberg

Der Stimberg ist mit 156,9 Metern Höhe nicht nur der höchste Berg der Haard, sondern auch der höchste Berg im Nationalpark Hohe Mark. Früher, im Kalten Krieg, stand auf seinem Gipfel eine Radarstation. Heute betreibt die Bundesnetzagentur den Turm und das Gelände gehört der Stadt Oer-Erkenschwick, die sich sichtbar bemüht, den Ort wieder zu einem attraktiven und naturgerechten Naherholungsziel zu machen. Zu bieten hat der Berg einiges: Kurz unterhalb des Gipfels befindet sich ein Birkenwäldchen, durch das zahlreiche Pfade führen. Und noch ein bisschen tiefer, direkt an der Zufahrtsstraße, lässt sich ein geologischer Aufschluss bewundern: eine Bank aus Quarzit, wie man ihn hier oben oft antrifft. Vor rund 80 Millionen Jahren war diese Region ein Meer, in das aus dem südlichen Festland Sand abgelagert wurde – bis zu 300 Meter mächtig. Als sich das Meer zurückzog, trugen Wind und Erosion auch große Teile der Sande ab. Doch in der Haard sind die Sande durch Kieselsäure verfestigt und bilden bizarre Blöcke, die dem Stimberg aber trotzdem die nötige Standfestigkeit verleihen.

Der Sendeturm auf dem Stimberg

Am Weg

Hügelgräber – Relikte der Kelten

Vor 4000 Jahren war die Haard ein Ort, an dem die Menschen aus der sogenannten Einzelgrabkultur ihre Toten bestatteten, ausgestattet mit kultischen Grabbeigaben, Zeichen für ein Gedenken über den Tod hinaus und für einen Glauben an ein wie auch immer geartetes Weiterleben der Toten. Rund 160 Hügelgräber zählen die Denkmalschützer.

Am Keltenhügel

nach rechts, wandern bis zum letzten Haus der Siedlung, gehen dort rechts herum und dann gleich links am Feld entlang. An einer Pferdekoppel überqueren wir den Bach und wenden uns dahinter am Zaun entlang nach links. So kommen wir an ein Feld, an dessen linkem Rand wir weitergehen. Auf der kleinen Straße gehen wir nach rechts bis zur Buschstraße, die uns nach links zum Fuß der Haard führt.

Dort ist der Stimberg bereits ausgeschildert und entsprechend wenden wir uns nach rechts und dann, dort wo der Asphalt endet, den Schildern folgend links bergauf in den Wald. Wir orientieren uns an einem tief eingeschnittenen Graben rechts unter uns und wenden uns an dessen Ende nach rechts und wandern über die Kreuzung hinweg geradeaus weiter.

Im Wald stoßen wir auf eine Wegekreuzung und nehmen den breitesten der Wege nach links. Diesem folgen wir, bis wir auf einem kleinen Plateau den Weg nach rechts Richtung Turm einschlagen und so zur Straße gelangen, die uns nach links zum Gipfel führt. Dort gehen wir rechts hinauf zum höchsten Punkt, am Rosa Tor vorbei und die Trep-

Verleiht dem
Stimberg
einen kräftigen
Farbtupfer: das
Rosa Tor

Am Weg

Die Haard

Sie gilt als das kleinste Mittelgebirge Deutschlands, und tatsächlich kommt die Haard auf nicht mehr als 55 Quadratkilometer Ausdehnung. Die zum Naturpark Hohe Mark gehörende Hügellandschaft besteht aus Sandstein und ist bedeckt von schönem dichten Wald

Baumskulptur

und durchzogen von unzähligen Pfaden und Wegen: eine kleine wilde Schönheit am Rande des Ruhrgebiets.

pe hinunter. Unterhalb der Stufen halten wir uns an der Gabelung links. Direkt danach folgen wir nicht den liegenden Baumstämmen, die den Weg zurück zum Turm einrahmen, sondern gehen geradeaus auf dem Pfad leicht abwärts.

Hinter einer Böschung erreichen wir zwei Wege. Den unteren und breiteren Weg nehmen wir nach rechts deutlich bergab. An der nächsten Kreuzung wählen wir die Abzweigung nach links, überqueren zwei Kreuzungen und erreichen so wieder breite Waldwege. Ein Holzschild weist Richtung „Mutter Wehner", wir folgen ihm. Wo dieser Weg eine erkennbare Biegung nach rechts beschreibt – an der Grenze zwischen Oerer und Diller Mark – gehen wir geradeaus und behalten die Richtung auch an der nächsten Kreuzung bei, zurück zur „Mutter Wehner".

Gastronomie:

Mutter Wehner, Haardstraße 196, 45739 Oer-Erkenschwick, Telefon 02368/9626510, www.mutter-wehner.de

Bistro Tango, Recklinghäuser Str. 21, 45739 Oer-Erkenschwick, Telefon 02368/898005

Tour 10

 Startpunkt

 Zwischenziel

 Parkplatz

 Haltestelle

 Gastronomie

Zielpunkt

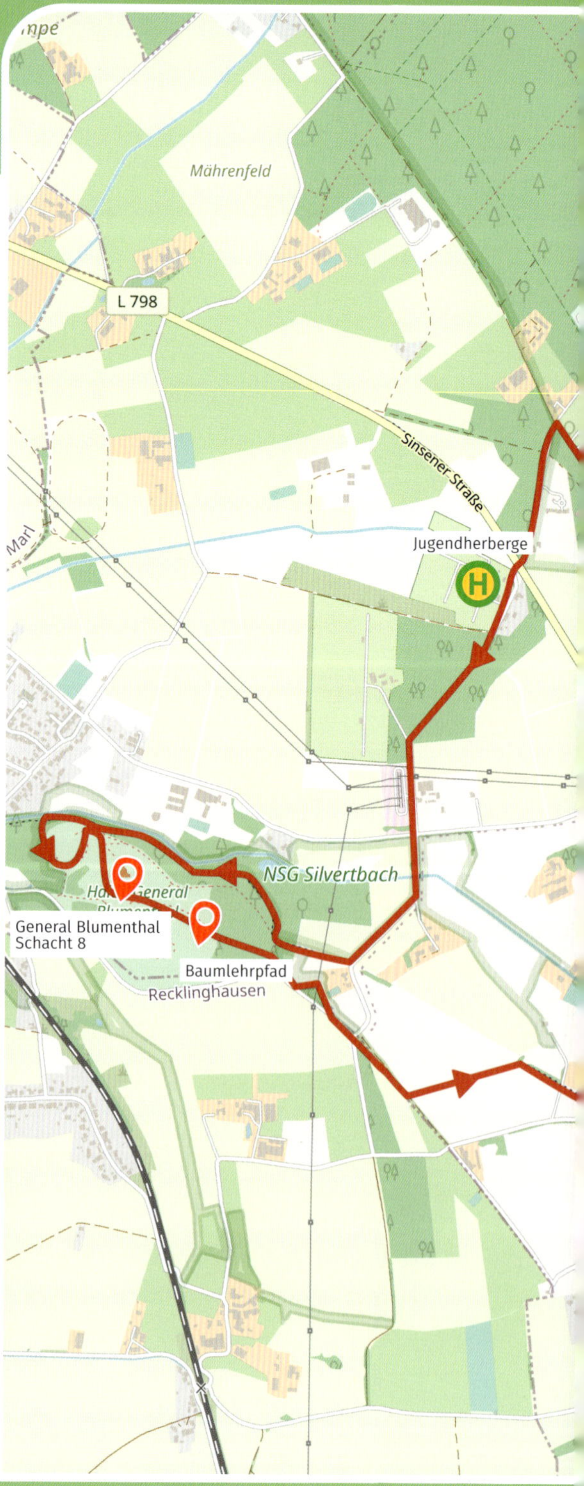

Mährenfeld

L 798

Sinsener Straße

Marl

Jugendherberge

NSG Silvertbach

Haus General
Blumenthal

General Blumenthal
Schacht 8

Baumlehrpfad
Recklinghausen

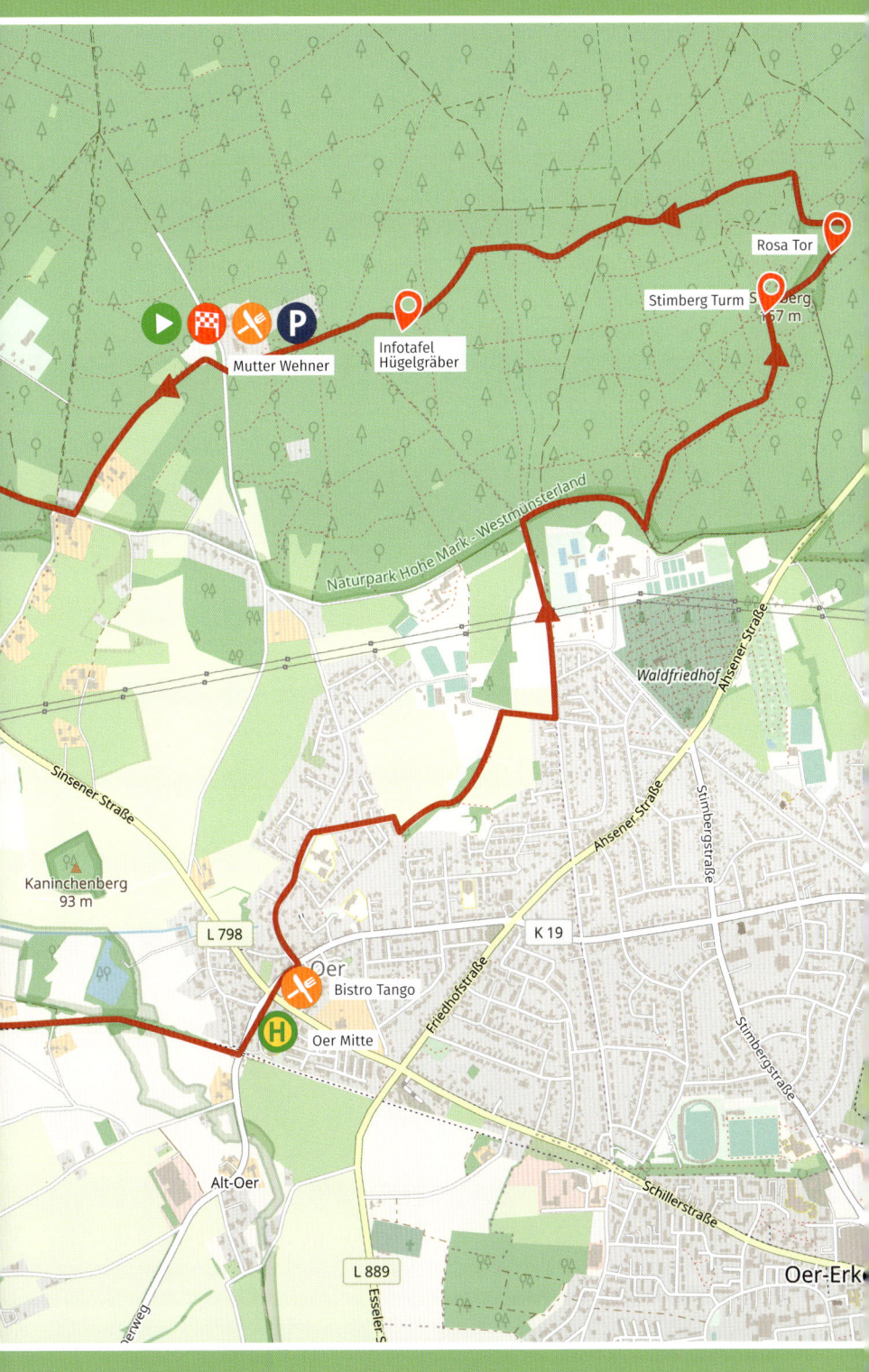

Rosa Tor

Stimberg Turm Stimberg
157 m

Infotafel
Hügelgräber

Mutter Wehner

Naturpark Hohe Mark · Westmünsterland

Waldfriedhof

Sinsener Straße

Kaninchenberg
93 m

L 798

Oer

Bistro Tango

Oer Mitte

Alt-Oer

L 889

Ahsener Straße

Stimbergstraße

Ahsener Straße

K 19

Friedhofstraße

Stimbergstraße

Schillerstraße

Oer-Erk

Mach es wie die Sonnenuhr

Über Waldwege zur Halde Schwerin

Die Sonnenuhr, das Kunstwerk auf der Halde mit dem mecklenburgischen Namen, will die Besucher animieren, sich einzuschwingen in die kosmische Weltordnung. So gesehen ist der Besuch der Halde Schwerin der alles überragende Höhepunkt einer sehr schönen Wanderung, die durch wasserreiche Waldgebiete und Bachtäler führt. Dies erst recht, weil der Weg zum Castrop-Rauxeler Ortsteil Schwerin ohnehin nur bergauf führt. Das bringt es mit sich, dass wir uns auf dem Rückweg wie auf einem Aussichtsbalkon wiederfinden: Im Osten vor uns liegt die Stadt Dortmund, und von hier oben hat man das Gefühl, fast jedes Detail erkennen zu können.

 2:30 Std.   8,4 km   212 Meter

Start/Ziel: Mosselde/Ihlanden 149, 44357 Dortmund
Wegbeschaffenheit: Schotterwege, kleine verkehrsarme Straßen
Anreise mit ÖPNV: Haltestelle Brietenstraße
Besonderheit: Bei Nässe gutes Schuhwerk empfohlen

Wegbeschreibung:
An der Gaststätte „Tante Amanda" starten wir unsere Wanderung zwischen dem Gastgarten und der Reitschule und folgen dem Asphaltsträßchen leicht bergab bis zum Waldrand. Dort zweigen wir nach rechts ab, nur um gut 50 Meter weiter nach links abzubiegen und oberhalb der Straße weiterzugehen.

Hinter dem schönen Buchenwald schwenken wir nach rechts in den breiten Wanderweg ein. An der nächsten Kreuzung biegen wir rechts ab. Dort, wo rechts von uns die Golfsportanlage endet, gehen wir geradeaus. Vom Tal des Barbachs lassen wir uns aufwärts leiten, bis wir auf der Höhe einen Querweg erreichen, in den wir nach rechts abbiegen. Er führt uns an die Mengeder Straße, auf deren anderer Seite wir geradeaus weitergehen.

Links von uns erkennen wir den Schweriner Ring, eine 4,3 Meter hohe Landmarke auf dem Gelände des ehemaligen Schachts Schwerin 2. Wir gehen auf die nächste, die Bodelschwingher Straße zu und folgen

Blick zurück zum Startpunkt

Am Weg

Halde Schwerin

Die Halde Schwerin ist die Bergehalde der Zeche Graf Schwerin und
wurde bereits 1967 stillgelegt. Die
Halde war in Kegelform aufgeschüttet worden, aber schon 1976 begann
die RAG mit einer Umgestaltung.
1984 gewann die Halde den „Bun-
deswettbewerb für vorbildliche Ge-
staltung von Industriegelände" und
Anfang der 1990er-Jahre erhielt sie
im Rahmen der Internationalen
Bauausstellung (IBA) Emscherpark
ihr heutiges Gesicht, inklusive der

Am Weg zur Halde

1993 aufgestellten riesigen Sonnenuhr des Künstlers Jan Bormann.

In der Mitte des Gipfelplateaus kreuzen sich die vier nach den Him-
melsrichtungen ausgelegten Treppenaufgänge. Zwei Wege bilden die
„Industrieachse" mit Treppen aus Eisenbahnschwellen und -schienen
und zwei bilden die „Naturachse" mit Treppen aus Holz aus dem Grubenbau.

Auch die anderen Kunstwerke der Halde Schwerin, der Wassertempel
und die Sinuspergola, laden dazu ein, Natur-, Menschheits- und Industriegeschichte zu erspüren und zu verknüpfen. Überhaupt dreht sich
auf der Halde alles um Zeit, Licht und Energie.

Der Ausblick reicht vom Hammerkopfturm der ehemaligen Zeche Erin
zum Horizontobservatorium der Halde Hoheward und an klaren Tagen sogar bis zum Tetraeder oder zur Halde Haniel in Bottrop. Neben
dem Genießen des Ausblicks sollte man sich Zeit nehmen, anhand der
Sonnenuhr die wahre Zeit zu messen und darüber nachzusinnen, wie
alles mit allem verbunden ist. Wem das zu anstrengend ist, der mag
sich in dem wunderbar naturnahen Wald rund um die Halde erholen
und Kraft tanken.

dieser nach links, bis es nach rechts zur Halde hinaufgeht. Wir nehmen den Asphaltweg „Zur Sonnenuhr" und dann die Holzstufen, die uns nach links durch einen jungen Birkenwald zu dem Kunstwerk auf dem Haldengipfel führen.

Hinunter gehen wir über die erste Treppe rechts und über den Querweg hinweg geradeaus – wieder durch einen Birkenwald. Gegenüber den Biogasanlagen zweigen wir in den breiten Wanderweg nach links ab. Vor dem „Sinuspergola" genannten

Durch die Allee

Am Weg

Begehbare Sonnenuhr

Der Bildhauer Jan Bormann schuf eine Sonnenuhr der besonderen Art: 24 Edelstahlsäulen ragen in den Himmel und bieten den Besuchern zusammen mit einem parallel zur Erdachse verlaufenden Stab die Möglichkeit, die wahre Ortszeit zu messen. Aber es geht dem Künstler nicht nur um das Messen der Zeit, sondern vielmehr um die Erfahrung von Sonnenlicht und Energie und darum, die Zeit sichtbar zu machen. Sein Kunstwerk ist ein Ort der Besinnung, es zieht einen magischen Kreis um den Betrachter und nimmt ihn so auf in eine kosmisch geregelte Weltordnung.

Die Treppe hinauf zur Sonnenuhr

Am Weg

Sinuspergola

Unterhalb der Halde steht die Sinuspergola, eine Holzskulptur von Klaus Corzillius. Ein Ort, um sich niederzulassen, zu rasten, zu philosophieren und die Form der Holzstelen auf sich wirken zu lassen. Oder es so zu machen, wie die Kinder, die wir beobachten konnten, die sich gekonnt durch das Kunstwerk hindurch fädelten und so die Form in sich aufnahmen und sich das Kunstwerk zu eigen machten – ganz nach dem Motto: Kunst im öffentlichen Raum erleben und erspüren.

Kunstwerk nehmen wir an der Gabelung den rechten Weg und an der nächsten Kreuzung den linken, der uns hinunter ins Tal führt. Hier gehen wir bis zu einer der Quellen des Deininghauser Baches, an der der „Wassertempel" steht.

Nun folgen wir dem Lauf des Bachs durch das breite Tal und überqueren zunächst einen Querweg und dann einen Zufluss. Da der Bach von mehreren Quellen gespeist wird, führt der schöne Wanderweg auch über mehrere Brücken.

So treffen wir auf den Dortmund-Rundweg, einen mit einem umkreisten „D" markierten Wanderweg, und bleiben auch dort, wo links im Tal eine Holzbrücke über den Bach führt, auf dessen rechter Seite. Bald wandern wir aus dem Wald heraus und an einem Feld entlang. Nun zweigt der Dortmund-Rundweg nach links ab, wir gehen aber geradeaus am Waldrand weiter, umrunden den kleinen Busch und gehen schließlich auf ein Bauernhaus zu. Dort wandern wir geradeaus in die Straße und zweigen am „Dinger Hof" nach rechts ab. Nun

Der Tempel der Ruhe im Wald

Am Weg

Tempel der Ruhe

Carl Wilhelm Georg von Bodelschwingh-Plettenberg war einer der bedeutendsten Besitzer des nahen, heute aber jenseits der Autobahn gelegenen Schlosses Bodelschwingh. Er verwaltete die umfangreichen Güter zwischen Rhein und Münsterland und übte zahlreiche hochrangige Ämter aus. Er ließ 1802 den Familienfriedhof im nahegelegenen Bodelschwingher Wald errichten. Über der Familiengruft steht ein klassizistischer achteckiger Monopteros, ein Rundbau mit acht Säulen und einem schiefergedeckten Kuppeldach. Der Frontgiebel zeigt den Schriftzug „Tempel der Ruhe" und in der Mitte steht ein runder Grabaltar. Der mystische Ort mitten im Wald war durch eine Ahornallee mit dem Schlosspark verbunden, aber durch den Bau der A45 ist er mittlerweile vom restlichen Schlossensemble abgetrennt. Etwas verfallen zeigt sich dieser verwunschene Ort im Moment, aber die Sanierungsarbeiten sind im Gange.

Am Weg

Der Wassertempel

Der Künstler Peter Strege schuf im Quellbereich des Deininghauser Bachs einen Tempel aus Bergbaumaterialien. Etwas befremdlich wirkt der Pavillon in dem naturnahen Wald. Trotzdem regt das Kunstwerk dazu an, über die Verbindung von Mensch, Fortschritt, Technik und Natur nachzudenken

befinden wir uns wiederum auf dem Dortmund-Rundweg. Diesem folgen wir auf der Fußgängerbrücke über die Landstraße, dahinter in den Bodelschwingher Wald und dann nach rechts zum Bodelschwingh'schen Familienfriedhof, dem sogenannten „Tempel der Ruhe".

Auch danach können wir uns an dem umkreisten „D" orientieren und vom Tempel kommend rechts talwärts abbiegen. Wieder auf der Höhe angelangt, gehen wir über den Parkplatz nach rechts, überqueren die Straße und wandern am Waldrand entlang nach links

Der Wassertempel
unterhalb der Halde

weiter, bis der Asphaltweg sich gabelt. Dort gehen wir nach links, „Dortmund-Blick" heißt dieser Platz. Die kleine Straße namens „Ihlanden", die nach rechts abbiegt, führt uns zum Ausgangspunkt zurück.

Gastronomie:

Tante Amanda, Mosselde 149, 44357 Dortmund, Telefon 0231/372230, www.tante-amanda.de

Tour 11

▶ Startpunkt

📍 Zwischenziel

🅿 Parkplatz

Ⓗ Haltestelle

🎨 Kunstobjekt

👁 Aussichtspunkt

🍴 Gastronomie

🏁 Zielpunkt

Sinuspergola

Wassertempel

Landschaftsbalkon

Sonnenuhr

...erhalde ...chwerin

Ehem. Zechengelände
Zeche Graf Schwerin 1/2

K 27

...erin

Mengeder Straße

L 663

...Hellweg

Dortr...

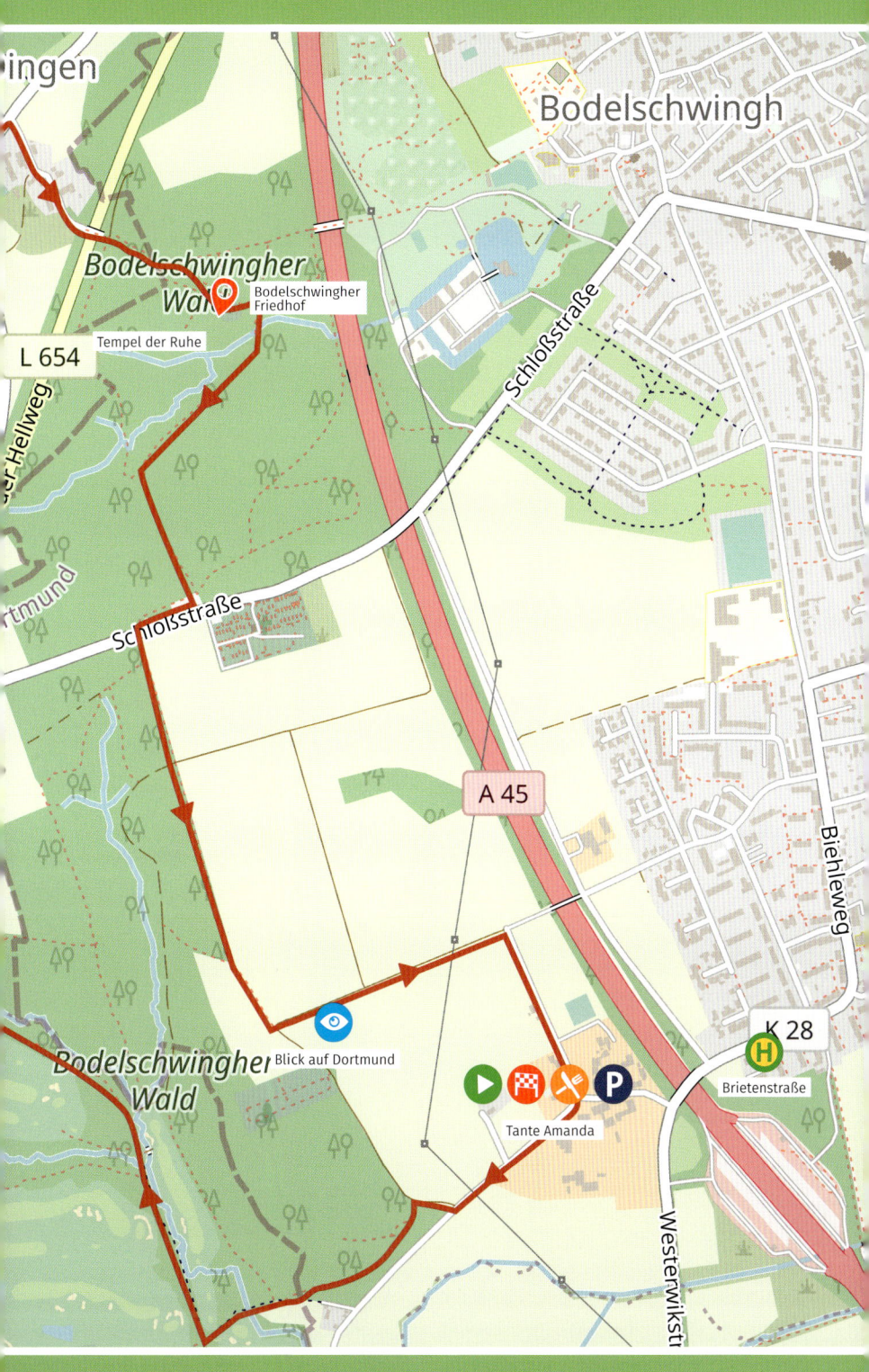

ingen

Bodelschwingh

Bodelschwingher
Wald

Bodelschwingher
Friedhof

L 654

Tempel der Ruhe

Schloßstraße

er Hellweg

tmund

Schloßstraße

A 45

Biehleweg

Bodelschwingher
Wald

Blick auf Dortmund

K 28

H

Brietenstraße

Tante Amanda

Westerwikstr

Berge für das platte Land

Von der Halde Brockenscheidt zur Halde Tockhausen

Wer zwischen den Halden Brockenscheidt und Tockhausen an der Stadtgrenze von Waltrop und Lünen unterwegs ist, bekommt auch heute noch eine Ahnung davon, wie das Ruhrgebiet ausgesehen haben mag, bevor die Schwerindustrie ihren Anfang nahm: Wiesen, Felder, Bauernhöfe. Plattes Land – im übertragenen wie im wörtlichen Sinne. Denn die einzigen Berge weit und breit sind hier im Nordosten des Potts tatsächlich die Berge-Halden, und obwohl die beiden auf dieser Route gar nicht so hoch sind, bieten sie doch entsprechend Sicht auf diese bäuerliche Landschaft mit seinen kleinen Höfen. Dabei sind die beiden Halden so unterschiedlich, dass man an ihnen durchaus die Entwicklung dieser besonderen Form der Landschaftsbauwerke erleben kann – Kultur und Natur inklusive.

Tour 12

 3:00 Std.   12,4 km   179 Meter

Start/Ziel: Landabsatz, an der Zeche Waltrop, 45731 Waltrop
Wegbeschaffenheit: Schotterwege, kleine verkehrsarme Straßen
Anreise mit ÖPNV: Haltestelle Industriestraße

Wegbeschreibung: Diese Wanderung beginnt an der ehe-

maligen Zeche Waltrop. Zunächst steigen wir auf die den Gebäuden gegenüberliegende Halde Brockenscheidt. Es führen zwei Wege hinauf, ein steilerer geschotterter nach rechts und der beschilderte Kreuzweg nach links. Dieser holt etwas weiter aus, ist dafür aber schöner zu gehen.

Von der Landmarke aus, dem Turm aus Spurlatten, nehmen wir die Treppe, die zur Rückseite der Halde hinunterführt. Vorsicht: Die aus Eisenbahnschienen gefertigten Stufen sind bei Nässe sehr rutschig! Unten angekommen, wenden wir uns nach rechts. Vor einer

Alte Lore

Am Weg

Gewerbepark Zeche Waltrop

Die alte Zeche Waltrop ist eine der schönsten Schachtanlagen des Ruhrgebiets. Zu Beginn des 20. Jahrhunderts stand hier ein riesiges Areal mit Fördertürmen, Gleisanlagen und Werksgebäuden und -hallen. Heute dienen die sanierten Jugendstil-Industriegebäude als Gewerbepark für moderne Unternehmen aus Dienstleistung und Handel.

Die verbleibenden elf Hallen stehen unter Denkmalschutz: Maschinenhalle, Schalterhaus, Lohnhalle, Lokschuppen und das Verwaltungsgebäude sind erhalten. Auf den Gebäuden sind jeweils Informationstafeln angebracht, und ein Spaziergang durch die ehemalige Zeche gibt Einblick in die damaligen Abläufe rund um eine Steinkohlezeche im Ruhrgebiet. Wie mag es hier wohl ausgesehen haben, als noch die Fördertürme, die Schlote und die vielen Gleisanlagen in Betrieb waren und die Halde Brockenscheid sich nicht grün, sondern schwarz aus der Landschaft erhob?

Am Weg

Spurlattenturm

Auf dem höchsten Punkt der Halde Brockenscheidt errichtete der aus Castrop-Rauxel stammende Künstler Jan Bormann im Jahr 2000 ein Holzgitterbauwerk in Form einer Pyramide. Insgesamt ist die Landmarke 20 Meter hoch und besteht aus tausend Metern Spurlatten. Die Balken kommen aus der Zeche Ewald und waren wirklich untertage im Einsatz. Das verwendete westafrikanische Eisenholz, Bongossi, ist so schwer, dass es nicht schwimmt. Durch seine Härte und Festigkeit wurde es im Bergbau statt Stahl eingesetzt. Von der Aussichtsplattform bietet sich der Ausblick auf die Zeche Waltrop, zum Colani-Ei in Lünen-Brambauer und weit ins östliche Ruhrgebiet hinein. Die Aussichtsplattform wird abends mit alten Strebleuchten erhellt, was dem Turm eine weiche Note gibt und die asymmetrische Spitze betont. Es scheint, als fehlten der Pyramide einige Teile, aber das ist vom Künstler so gewollt: So soll auf Fotos sofort erkennbar werden, wo sich der Fotografierende befunden hat. Nicht sehr philosophisch, aber praktisch. Die Idee zur Schienentreppe an der Südseite der Halde stammt auch vom Künstler und wurde mit Eisenbahnschienen aus der Zeche realisiert.

Auf dem Gelände der ehemaligen Zeche Waltrop mit Blick zur Halde und zum Spurlattenturm

Mauer nehmen wir an der T-Kreuzung den Weg nach links. Wir gelangen an die Tinkhofstraße, der wir nach links bis zur Kreuzung mit der Rottstraße folgen. Dort gehen wir nach links auf die Landstraße zu. An der Gaststätte „Elmenhorster Mühle" wenden wir uns kurz nach rechts und wandern dann in die Brambauer Straße nach links. Den Bauernhof müssen wir durchqueren und dahinter nach rechts abbiegen. Kurz bevor der Feldweg in eine Wohnsiedlung führt, zweigen nach links zwei Wege ab. Wir wählen davon den linken. Am Freibad gehen wir links vorbei und nehmen von den drei Möglichkeiten an der Gabelung den mittleren Weg am Bach entlang.

Wer eine Runde über die Halde Tockhausen machen möchte, wendet sich gegenüber der Hundeschule nach rechts, biegt am Pferdehof links ab und folgt dem asphaltierten Weg, der steil auf den Gipfel führt. Nach einer Runde über den höchsten Punkt der Halde nehmen wir den anderen breiten Weg, der hinunterführt. Auf der nächsten Ebene wenden wir uns nach links und an der Gabelung rechts. So kommen wir wieder auf die asphaltierte Rampe, gehen hinunter und an der Hundeschule nach rechts auf den Teich zu, an dem wir links vorbeigehen.

An der Gabelung halten wir uns links auf das jenseits des Kanals stehende Kraftwerk zu. Hinter dem Gelände eines Bauernhofs wenden wir uns am Querweg wieder nach links. Nachdem wir den Reiterhof am ehemaligen Schloss Wilbringen passiert haben, erreichen wir den Kanal und wandern nach links Richtung Waltrop zurück.

Am Weg

Halde Brockenscheidt

Die Halde Brockenscheidt entstand aus dem Bergematerial der Zeche Waltrop, die 1903 mitten im grünen Umland der damals noch kleinen Stadt errichtet wurde. Steht man zwischen den schön restaurierten Jugendstilgebäuden der Zeche Waltrop I und II, schweift der Blick sofort hinauf zu der beeindruckenden Landmarke, der Pyramide aus Spurlatten des Künstlers Jan Bormann. Der Weg auf den eher niedrigen Tafelberg wird stimmungsvoll begleitet von einem Kreuzweg des Künstlers Paul Reding und endet in einem Birkenwald, wo es sich meditativ und ruhig anfühlt. Der zwölf Meter hohe Aussichtsturm gibt den Blick frei auf die ehemalige Zeche unterhalb und ins vorwiegend grüne und landwirtschaftlich geprägte Umland. Mit nur 15 Metern Höhe und einer Ausdehnung von lediglich 6,5 Hektar ist Brockenscheidt eine der kleineren Halden im Ruhrgebiet, aber die gute Energie auf ihr ist umso größer: Man hat das Gefühl, hier kann man abschalten und auftanken.

Am Weg

Halde Tockhausen

Die Halde Tockhausen ist eine klassische Spitzkegelhalde, die begrünt und mit Wegen versehen wurde, die sich in Spiralen nach oben winden. Das Bergwerk Minister Achenbach, aus dessen Bergematerial die Halde besteht, wurde 1897 gegründet und erst 95 Jahre später geschlossen. Die Halde ist umgeben von üppigem Grün, dadurch ist die Aussicht in die Umgebung für die Besucher eingeschränkt, aber Tiere und Pflanzen freuen sich umso mehr. Einen futuristischen Anblick bietet der Förderturm der Zeche Minister Achenbach, auf den der Architekt Luigi Colani ein weißes Ufo aufgesetzt hat, in dem sich heute eine Business-Lounge befindet. Von der Bevölkerung wird der Aufbau liebevoll „Colani-Ei" genannt.

Idyllischer See
am Zechenwald

Dort, wo links unterhalb des Deichs die ersten Waltroper Häuser stehen, nehmen wir etwa 200 Meter vor der Straßenbrücke die Stufen hinunter und wenden uns nach links bis zu der kleinen Straße, die uns nach rechts über den Bahnübergang und an der Kreuzung geradeaus „Am Schwarzbach" bis zu einem Supermarkt führt. Dort gehen wir bis zur nächsten Straße, in die wir nach links einbiegen.

Die große Kreuzung überqueren wir und gehen gegenüber in die Sackgasse, von der wir an der ersten Abzweigung nach links abbiegen, wandern um den See herum und schwenken am asphaltierten Querweg nach links ein. Geradeaus gehen wir durch das Zechengelände auf die Halde Brockenscheidt zu und so zum Ausgangspunkt zurück.

Gastronomie:

Gasthaus Lohnhalle, Hiberniastraße 4, 45731 Waltrop,
Telefon: 02309/608884, www.manufactum.de
Elmenhorster Mühle, Brambauerstr. 167, 45731 Waltrop,
Telefon 02309/7799324

Am Weg

Datteln-Hamm-Kanal

Die erste Ausbaustufe des Kanals wurde 1914 fertiggestellt. Ursprünglich sollte der Kanal bis Lippstadt gebaut werden, aber die Arbeiten wurden nach dem Zweiten Weltkrieg nicht weitergeführt. Heute hat der Kanal eine Länge von 47 Kilometern und einen Höhenunterschied von etwa sieben Metern. Er dient der Güterschifffahrt, der Einspeisung von Lippewasser in das Westdeutsche Kanalnetz und heute auch der Sportboot- und Freizeitnutzung. Und so bieten die Wasserflächen nicht nur Abwechslung beim Wandern, sondern sind allgemeine Erholungs- und Freizeitflächen. Ein interessantes Detail: Bei Hamm wird der Kanal auch als religiöses Gewässer verwendet für Waschungen und Zeremonien der Hindu-Priester aus dem nahe gelegenen Sri-Kamadchi-Ampal-Tempel.

Tour
12

 Startpunkt

 Zwischenziel

 Parkplatz

 Haltestelle

 Kunstobjekt

Aussichtspunkt

 Gastronomie

Zielpunkt

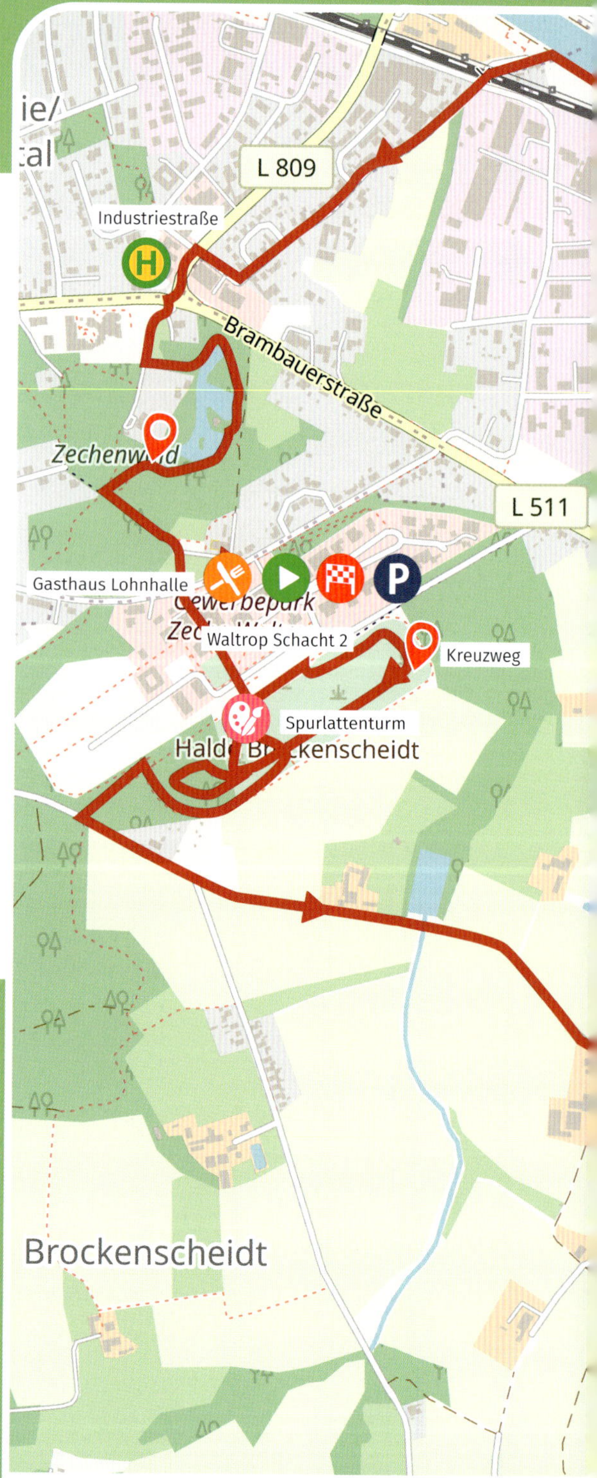

L 809

Industriestraße

Brambauerstraße

L 511

Zechenwald

Gasthaus Lohnhalle

Gewerbepark
Zec   Waltrop Schacht 2

Kreuzweg

Spurlattenturm

Halde Brockenscheidt

Brockenscheidt

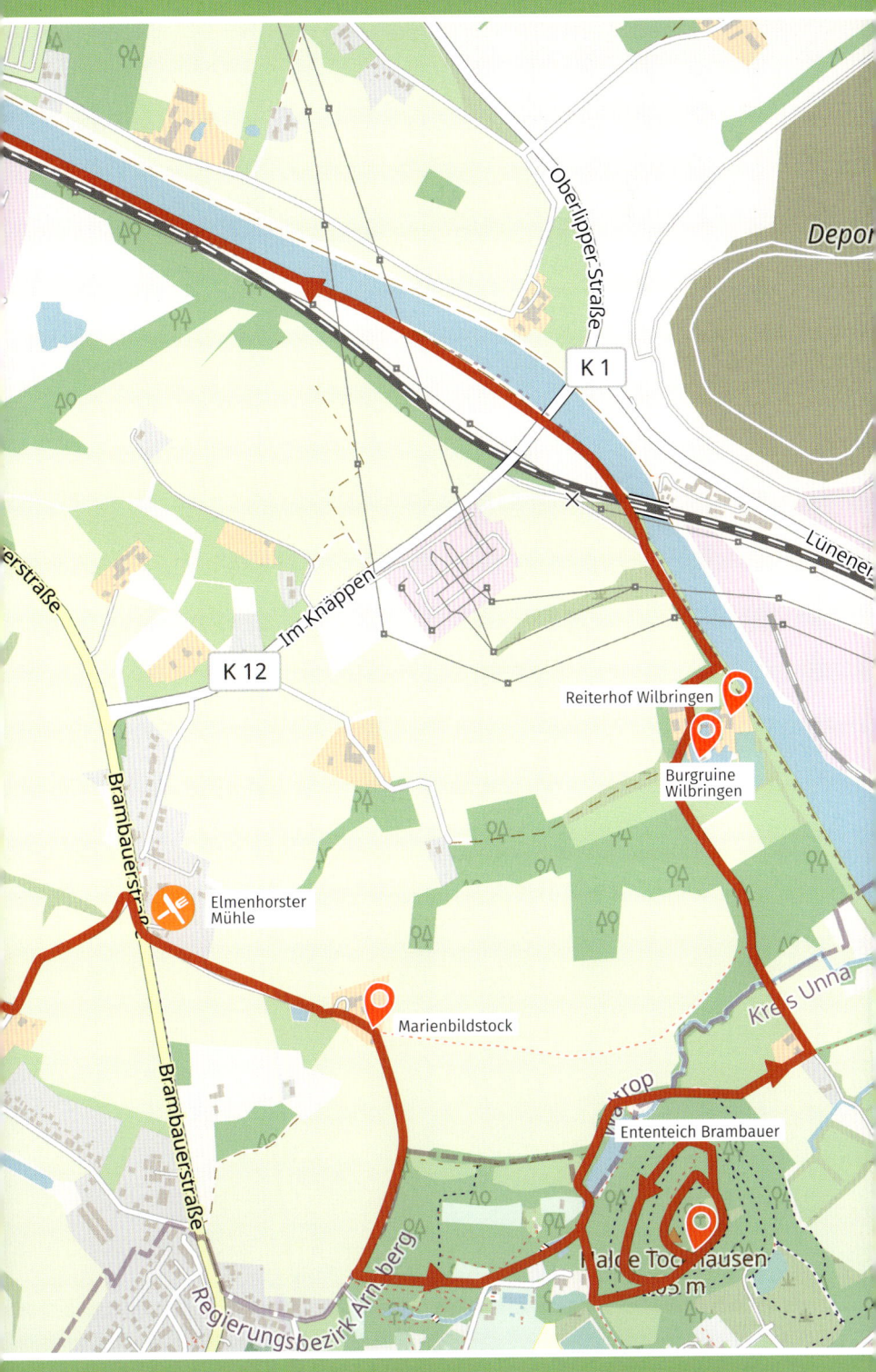

Oberlipper Straße

Depo

K 1

Lünener

Im Knäppen

K 12

Reiterhof Wilbringen

Burgruine
Wilbringen

erstraße

Brambauerstraße

Elmenhorster
Mühle

Marienbildstock

Kreis Unna

rop

Ententeich Brambauer

Brambauerstraße

Regierungsbezirk Arnberg

Halde Tochhausen
.05 m

Alte und neue Natur

Rund um die Deponie Grevel
im Dortmunder Norden

Die Natur im äußersten Nordosten Dortmunds wäre ohnehin sehr schön, mit viel Wald und ländlicher Idylle – aber die Bergbauvergangenheit hat der Region noch ein paar zusätzliche Geschenke hinterlassen: den Lanstroper See, der durch eine Bergsenkung entstanden ist, und die „Greveler Alm", die einmal eine Deponie war. Es werden wahrscheinlich noch weitere folgen, aber zurzeit ist die Deponie Dortmund-Nordost noch in Betrieb, die sich hinter Alm und See erhebt. Also nehmen wir die andere Richtung und freuen uns an den großen Wäldern – vor allem an dem großen Kurler Busch, dessen dichter Laubbaumbestand ein echtes Walderlebnis bietet.

3:30 Std.

13,6 km

83 Meter

Start/Ziel: Steinhofstraße/Michaelstraße, 44329 Dortmund-Lanstrop
Wegbeschaffenheit: Schotterwege, kleine verkehrsarme Straßen
Anreise mit ÖPNV: Haltestelle Alekestraße

Wegbeschreibung: An der Michaelskirche beginnt diese Runde, indem wir die Alekestraße überqueren und gegenüber links von „Haus Wenge" in die Grünanlage wandern. Wir gehen nach rechts um das Haus herum und bei nächster Gelegenheit links. Rechts vor uns sehen wir das Tor zu einer Kleingartenanlage. Dort treten wir ein und wenden uns nach rechts und dann – wieder außerhalb der Anlage – nach links. An der Querstraße gehen wir kurz nach links und gegenüber auf dem Wanderweg zwischen Obstwiese und Lanstroper See weiter.

Der Weg führt uns durch das Naturschutzgebiet. Links kommen die alten Zechengebäude und der Luftschacht „Rote Fuhr" in den Blick.

Am Weg

Naturschutzgebiet Lanstroper See

Der Lanstroper See entstand durch eine Bergsenkung, die den Grundwasserspiegel erreichte und damit für eine dauerhafte Überflutung dieses Gebiets sorgte. An seiner tiefsten Stelle ist er knapp fünf Meter tief und von einem Röhricht- und Schilfgürtel gesäumt, in dem sich unter anderem der gefährdete Kleine Wasserfrosch, der Grasfrosch und die Erdkröte wohlfühlen. Der Hienbergwald besteht aus Buchen, Stieleichen, Hainbuchen und Pappeln und bietet Lebensraum für Kleinspecht, Pirol und Habicht. Seit 1990 sind der Lanstroper See und der Hienbergwald als Naturschutzgebiet ausgewiesen.

Am Weg

Haus Wenge

Die Wasserburg wurde im 13. Jahrhundert als Rittersitz der Herren von der Wenge erbaut. Grundmauern und Teile der Umfassung sind bis heute erhalten geblieben. Das zweigeschossige Herrenhaus mit der für die damalige Zeit herausragenden Bauweise und den Steinkreuzfenstern entstand im 16. Jahrhundert und zeigt noch gotische Formen. Das freitragende Sparrendach kommt ohne Stützen und Pfeiler aus und wird nur durch Holznägel zusammengehalten. Es ist in seiner Art einzigartig in Nordrhein-Westfalen. Seit 1952 gehört das Grundstück der Stadt Dortmund und das Haus wurde immer wieder renoviert. Geplant ist es, die Wasserburg nach Abschluss der Sanierungsarbeiten einer öffentlichen Nutzung zuzuführen.

Haus Wenge

Schließlich gehen wir auf den Hienberger Wald zu. Davor biegen wir links ab und wandern am Waldrand entlang bis zu der kleinen Straße, in die wir nach rechts einbiegen.

Vor dem Tor zur Deponie Dortmund-Nordost bleiben wir auf dem breiten Weg, der uns links hinaufführt, bis wir kurz vor einem Zebrastreifen nach rechts abbiegen auf einen Schotterweg. Bei nächster Gelegenheit zweigen wir nach links ab und steigen auf den Gipfel der Halde. Dem breiten Weg folgen wir abwärts, in der Rechtskurve nehmen wir den Weg nach links.

So treffen wir auf eine Straße, die uns nach links Richtung Wasserturm führt. Noch vor dem „Lanstroper Ei" nehmen wir die erste Straße nach rechts. Nach links abgebogen, gehen wir unmittelbar unter dem „Ei" auf ein Sträßchen zu, das uns geradeaus bis zur Kurler Stra-

Am Weg

Deponie (Halde) Grevel

Die Deponie Grevel, liebevoll auch „Greveler Alm" genannt, ist wie ein künstlicher Berg angelegt und arrangiert: ein Natur- und Naherholungsgebiet für die Bevölkerung und neuer Lebensraum für viele Tiere und Pflanzen. Wer Glück hat, kann auf der Halde Rehe, wilde Kaninchen, Hasen oder Füchse antreffen. Vor allem Echsen und Nattern fühlen sich in den Steinschüttungen wohl. Doch bevor dieses Landschaftsbauwerk entstand, war es seit den 1960er-Jahren eine Halde für Hausmüll und Bauschutt. Erst Mitte der 1990er-Jahre wurde die Deponie saniert und die Gase des organischen Abfalls wurden in ein Kraftwerk ausgeleitet. So entsteht nicht nur naturnaher Erholungs- und Lebensraum für Mensch und Tier, sondern auch Energie in Form von Strom. Wege wurden angelegt, unzählige Sträucher und Bäume gepflanzt, im unteren Bereich der Halde Hainbuchen, Stieleichen und Winterlinden und im oberen Bereich eher niederwachsende Pflanzen wie Weißdorn, Schneeball, Reinweiden, Schwarzerlen, Ebereschen und Holunderbäume. An klaren Tagen reicht der beeindruckende Blick vom südlichen Münsterland bis ins vordere Sauerland.

Am Weg

Lanstroper Ei

Der ehemalige Wasserturm, 55 Meter hoch und 14 Meter breit, wird heute als Landmarke und Baudenkmal angesehen. Beeindruckend in seiner Form vom Architekten Georg Barkhausen geplant, hat es sich diese Sonderbehandlung auch verdient. Das Lanstroper Ei ist der letzte verbliebene Barkhausen-Behälter im ganzen

Ruhrgebiet. Aufgrund des erhöhten Wasserbedarfs durch die Zechen der Umgebung wurde Anfang des 20. Jahrhunderts dieser Turm errichtet. 1981 wurde der Betrieb eingestellt und schon 1985 wurde er von der Stadt Dortmund auf die Denkmalliste gesetzt.

ße führt. Dort beschreiben wir eine spitze Rechtskurve und gehen von der Straße sofort wieder weg bis zur nächsten kleinen Straße. In diese biegen wir rechts und dann bei nächster Gelegenheit links ab.

An einem Hof vorbei wandern wir mit Blick auf den Dortmunder Fernsehturm rechts in der Ferne am Waldrand entlang. Der Weg beschreibt schließlich eine kleine Linkskurve und dahinter biegen wir nach rechts in den Pfad ein, der auf die Greveler Straße zuführt. In diese schwenken wir nach links ein und nehmen bei nächster Gelegenheit die Abzweigung nach rechts. An der Gabelung folgen wir dem Holzschild Richtung Naturlehrpfad nach links, vor der Kirche biegen wir wieder links ab. So erreichen wir wieder die Kurler Straße, die uns nach rechts über die Bahnlinie führt.

Naturschutzgebiet am Lanstroper See

In Kurl überqueren wir gegenüber dem Krankenhaus den Bach und biegen danach auf den Fußweg nach links ein. An der Querstraße wechseln wir die Bachseite und wandern nun an seinem linken Ufer weiter. Wo von rechts eine Brücke kommt, biegen wir nach links ab, gehen rechts an einem Spielplatz vorbei und gehen auf die Backstein-Kirche zu. Ihr gegenüber führt uns ein Pfad am Denkmal vorbei zur Husener Straße. Diese überqueren wir, folgen ihr nach rechts über die Bahnlinie und biegen direkt dahinter links ab. An der nächsten Gabelung halten wir uns rechts und lassen uns vom Hauptweg, der auch ein Radweg ist, durch den Wald führen. An einer größeren Kreuzung am Waldrand zweigen wir nach rechts ab und an der nächsten Kreuzung, wo es links zum Restaurant Café Mowwe geht, nehmen wir den Weg nach rechts. Im Wald wählen wir den ersten Pfad nach links und folgen ihm bis zu einer kleinen Straße, den Ramsloher Weg. Dieser führt uns bis zu einer T-Kreuzung. Nach links gehen wir über die Wasserfuhr und dann rechts über Kippstraße und Bremsstraße zurück zur Lanstroper Michaelskirche.

Gastronomie:

Restaurant & Café Mowwe, 44329 Dortmund-Lanstrop, Im Ostfeld 185, Telefon 0231/351331, www.mowwe.de
Zur Schönen Aussicht, 44329 Dortmund-Lanstrop, Kurler Straße 289, Telefon 0231/29541, www.restaurant-schoeneaussicht.de

Am Weg

Naturschutzgebiet Kurler Busch

Der Kurler Busch ist ein Naherholungsgebiet für die Bevölkerung von Dortmund und Kamen. Das wichtigste Schutzziel ist der Erhalt der strukturreichen, naturnahen Laubwälder mit ihren Feuchtwiesen und Kleingewässern als Lebensraum für zahlreiche Amphibienarten und Graureiherkolonien. Innerhalb des Waldes befinden sich zwei kleine Teiche, mehrere Kleingewässer und ein größeres Gewässer, die durch Bergsenkung entstanden sind. Die relativ ungestörte Lage am Stadtrand, umgeben von landwirtschaftlichen Flächen, macht den Reiz für erholungs- und ruhesuchende Menschen aus.

Der Körnebach

Der Körnebach oder Körner Bach wurde 1926 für die offene Abwasserentsorgung ausgebaut, und so blieb es bis 1996, da das Klärwerk Scharnhorst bis dahin nicht in Betrieb war. 1998 wurde der Körnebach im Rahmen des Sesekeprojekts gereinigt und naturnah wiederhergestellt. Seit 2006 ist er ein Reinwasserlauf, der die Entwicklung der Tier- und Pflanzenwelt in diesem Gebiet maßgeblich verbessert. Der Körnebach hat eine Länge von 12,9 Kilometern, drei mittlerweile renaturierte Wasserzuläufe und mündet bei Kamen in die ebenfalls renaturierte Seseke, die schließlich in die Lippe mündet.

Tour

13

▶ Startpunkt

📍 Zwischenziel

🅿 Parkplatz

Ⓗ Haltestelle

👁 Aussichtspunkt

🍴 Gastronomie

🏁 Zielpunkt

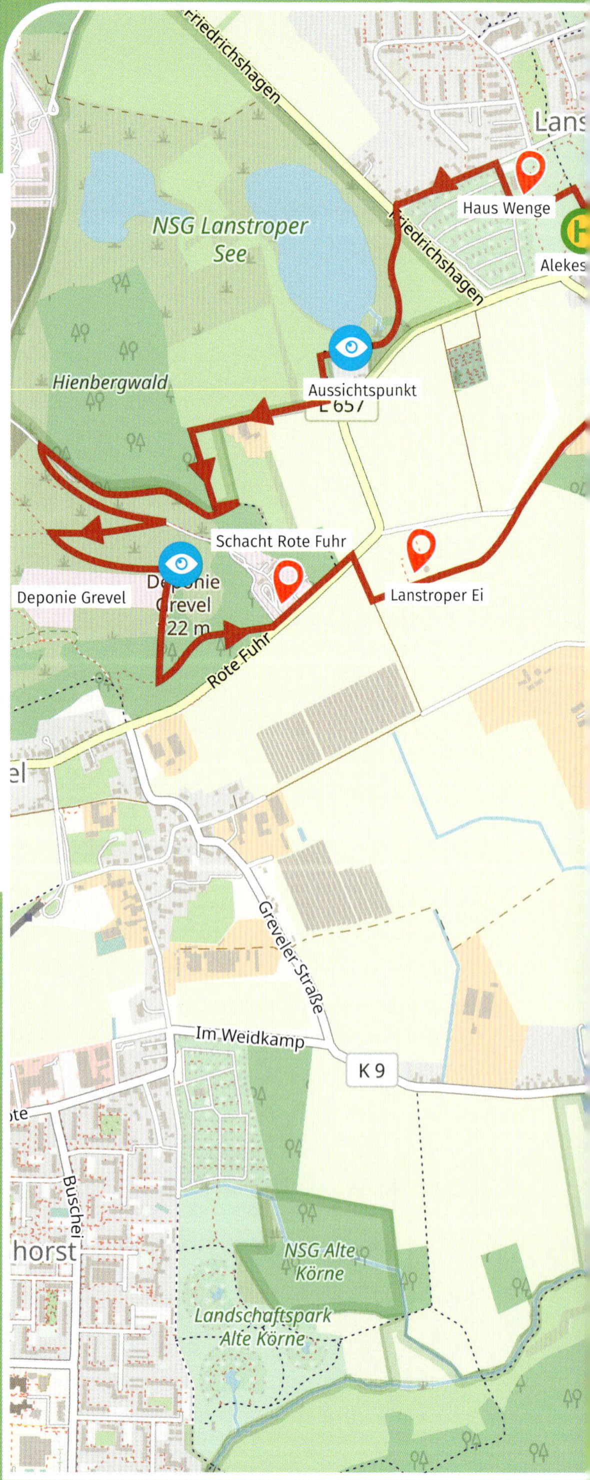

Haus Wenge

NSG Lanstroper See

Friedrichshagen

Lans

Alekes

Hienbergwald

Aussichtspunkt

Schacht Rote Fuhr

Deponie Grevel

Deponie Grevel 122 m

Rote Fuhr

Lanstroper Ei

Greveler Straße

Im Weidkamp

K 9

NSG Alte Körne

Landschaftspark Alte Körne

Buschei

horst

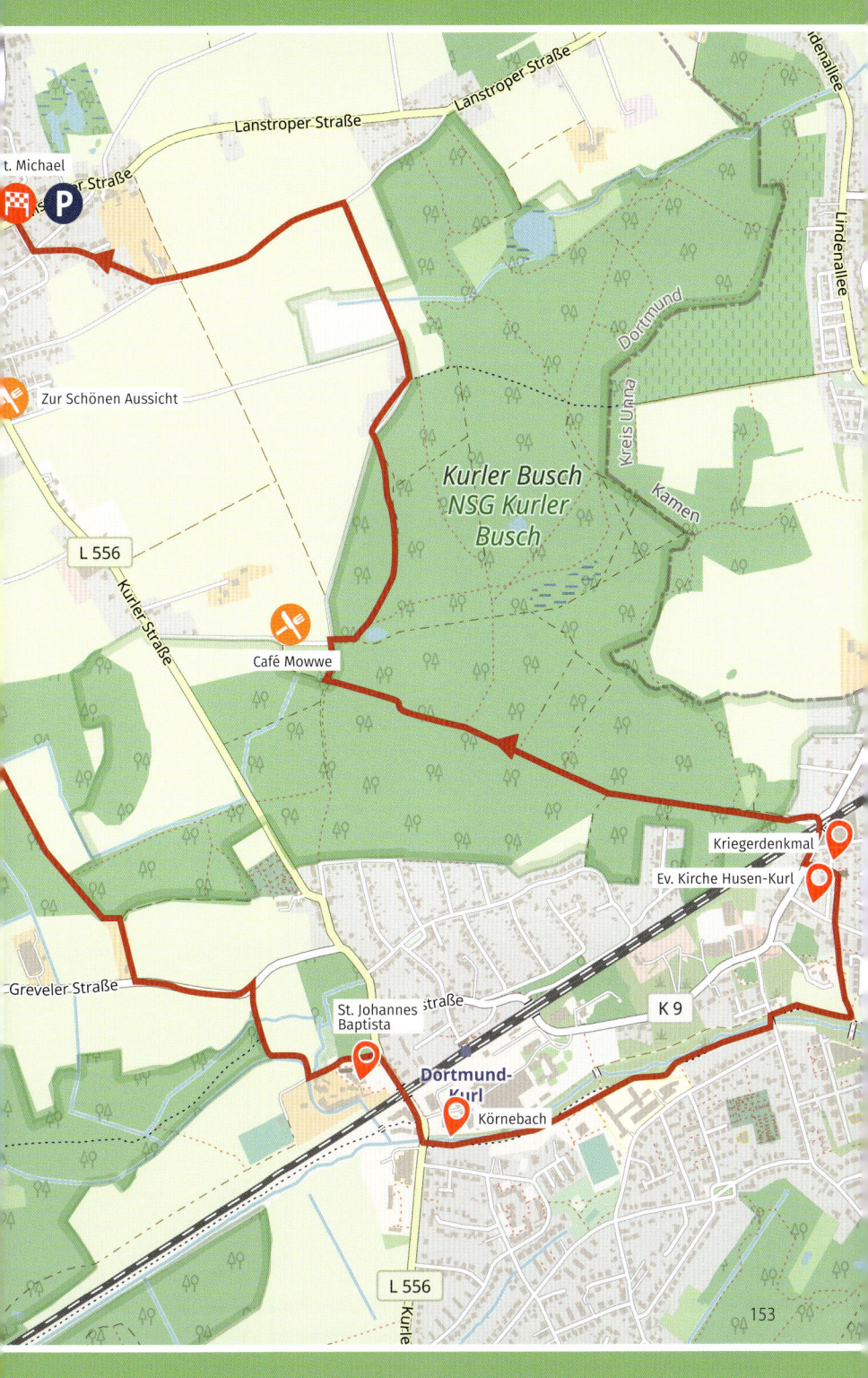

St. Michael

Lanstroper Straße

Lanstroper Straße

Zur Schönen Aussicht

L 556

Kurler Busch
NSG Kurler Busch

Kurler Straße

Café Mowwe

Dortmund

Kreis Unna

Kamen

Kriegerdenkmal

Ev. Kirche Husen-Kurl

Greveler Straße

St. Johannes
Baptista

Straße

K 9

Dortmund-
Kurl

Körnebach

L 556

Kurle

Lindenallee

idenallee

nah am Wasser

Am Datteln-Hamm-Kanal zur Halde Großes Holz

Das Wasser spielt für Bergkamen, die am Datteln-Hamm-Kanal und der Lippe gelegene Stadt, eine wichtige Rolle, und so startet diese Wanderung am größten Sportboothafen Nordrhein-Westfalens, der Marina Rünthe. An der Wasserstraße liegt auch die Halde Großes Holz – ein kleines Gebirge, dem man seine industrielle Herkunft nur noch ansieht, weil auf seinem Gipfel und den gepflegten Wegen die blauen Leuchtkörper stehen. Am Kanal geht es auch zurück, bevor wir zum nächsten Gewässer weiterwandern: zum Beversee, den durch einen Bergschaden entstandenen natürlichen See, der inzwischen von bezaubernder Schönheit und großer Wichtigkeit für zahlreiche Tiere und Pflanzen ist.

3:45 Std.	12,1 km	96 Meter

Start/Ziel: an der Marina Rünthe, Hafenweg, 59192 Bergkamen
Wegbeschaffenheit: Naturpfade, Schotterwege
Anreise mit ÖPNV: Haltestelle Marina

Wegbeschreibung: Wir beginnen diese Runde an der Marina Rünthe. Dafür begeben wir uns zuerst zum Yachthafen und wenden uns dort nach links. Immer so nah wie möglich am Wasser entlang wandern wir durch die Marina, treten schließlich durch ein Tor auf den Uferpfad am Kanal und gehen auf die Brücke zu. Davor steht ein Gebäude, an dem wir eine Informationstafel erreichen. Dort wenden wir uns nach rechts und an der nächsten Kreuzung gegenüber der Brücke nach links.

Der breite Weg führt uns über einen Bahnübergang und dann weiter auf einen Zaun zu, der ein riesiges Betriebsgelände umgibt. Zwischen Zaun und Wald wandern wir, bis wir einen großen Platz mit Bänken erreichen, an dem wir zum ersten Mal auf die blauen Landmarken der Halde Großes Holz treffen. Von ihnen lassen wir uns auf dem asphaltierten Weg bergauf leiten.

Fast oben angekommen, weisen Schilder nach rechts zur Baumreihe und zum Gräserfeld. Wer mag, macht hier einen kleinen Abstecher über das Plateau. Ansonsten setzen wir unseren Weg nach links leicht

Am Weg

Korridorpark und die Farbe Blau

Auf der Halde Großes Holz dreht sich alles um die Farbe Blau. Die Gestaltungselemente knüpfen an das „Blaue Band" in der Stadt Bergkamen an, und so zieren neun bläulich schimmernde Leuchtkörper aus Stahl und Plexiglas den Korridorpark, der sich in einem drei Kilometer langen Asphaltweg über die Halde schlängelt. Auf der Aussichtsplattform „Bastion" unterhalb des Gipfels sind Drahtkörbe mit großen blauen Glassteinen gefüllt und die Aussicht reicht bis ins Münsterland. Die aufwändige Bepflanzung mit blauen Pflanzen und Sträuchern wie Ochsenzunge, Lavendel, Lupine, Natternkopf, Salbei und Sommerflieder bietet nicht nur Schmetterlingen und Bienen Nahrung, sondern den Besuchern der Halde in der warmen Jahreszeit eine zusätzliche blau-visuelle Erfahrung.

Am Weg

Marina Rünthe

Die Marina Rünthe ist Teil der Route Industriekultur und es ist mittlerweile unvorstellbar, dass sie 1939 als Verladehafen für die Zeche Werner errichtet wurde. Seit 1995 ist die Marina der größte Sportboothafen in Nordrhein-Westfalen und bietet alles, was zu einem begehrten Yachthafen gehören sollte. Ein Spaziergang durch die Anlage wird begleitet von der Lichtkunst-Installation „PulsLicht" des Künstlers Mischa Kuball. Die acht Meter hohen Leuchten senden ähnlich wie kleine Leuchttürme pulsierendes Licht aus und begleiten so den abendlichen Spaziergang. Tagsüber macht es einfach Spaß, zu flanieren und die unterschiedlichen Boote zu bestaunen und sich vom südlichen Flair einfangen zu lassen

Die Marina Rünthe

Am Weg

Halde Großes Holz

Der Name der Halde leitet sich von den ausgedehnten Buchenwäldern ab, die der Bergehalde für die Bergwerke Haus Aden und Monopol in den 1970er-Jahren weichen mussten. Reste dieses Waldes umgeben heute noch den nordöstlich gelegenen Beversee.

Bereits 1974 verfolgte die Ruhrkohle AG ein neues Konzept: Man wollte Halden nicht mehr in Form von Spitzkegeln oder teilweise begrünten Tafelbergen aufschütten, sondern zu modellierten Berg- und Landschaftsbauwerken gestalten. Die Halde Großes Holz war die erste in einer Reihe bewusst geplanter und begrünter Naherholungsgebiete. Der Plan war es, Lebensraum für Tiere und Pflanzen und Erholungs- und Freizeitflächen für die Bevölkerung zu schaffen. Und so war ein Konzept geboren, das in den folgenden Jahren das Ruhrgebiet und seine Landschaft maßgeblich verändern sollte.

Die Halde Großes Holz ist heute ein beeindruckendes Haldenmassiv mit vielen künstlerischen Impulsen, dem Korridorpark und der inspirierenden Farbe Blau. An der Ostseite wurde ein weitläufiges Gräser- und Baumplateau angelegt.

Ein Landschaftsbauwerk: die Halde Großes Holz

Die Halde wird sich bis 2027 noch einmal deutlich verändern und zum Kanal hin vergrößern, da sie ein wichtiger Schauplatz der Internationalen Gartenausstellung sein wird. Platz, um sich ausgiebig zu bewegen, ist aber jetzt schon. Auch für Tiere wie die schützenswerte Kreuzkröte, den Kiebitz und den Flussregenpfeifer bieten die weiten Flächen der Halde einen Lebensraum.

Blick von der Halde nach Norden

bergab fort und wenden uns an der Gabelung nach links, bis zu einem weiteren Asphaltweg. Dort steht ein Schild, dem wir nach rechts Richtung Adener Höhe folgen.

Nach dem Besuch des Gipfelplateaus steigen wir die Treppe hinab, überqueren den Asphaltweg geradeaus und wenden uns am Ende der Stufen nach rechts. Dort, wo der Pfad wieder auf den Asphalt trifft, weist ein Schild zum Parkplatz Waldstraße, dem wir abwärts folgen.

Vom Fuß der Halde aus nehmen wir die Waldstraße geradeaus, die uns auf eine breite Straße zuführt. In diese biegen wir nach rechts ein und überqueren die Bahnlinie und den Kreisverkehr. Vor der Kanalbrücke nehmen wir die Treppe hinunter zum Ufer und wandern am Wasser entlang nach rechts.

So erreichen wir wieder die Informationstafel an der Brücke, an der wir vorher schon vorbeigekommen sind.

Der Baumgarten

Nun gehen wir nicht weiter am Kanal entlang, sondern an dem Informationsschild schräg rechts. Wir folgen den Schildern, die uns bis zu Aussichtsplattform am Beversee führen. Danach nehmen wir an der ersten Kreuzung den Weg nach links, der als „Großer Rundweg" ausgeschildert ist. An der T-Kreuzung verlassen wir diesen Weg und wenden uns nach rechts. Am Hafenweg angelangt biegen wir noch einmal nach rechts ab und kommen so zum Ausgangspunkt.

Am Weg

Lichtsäule „Impuls"

Wie ein riesiges Lichtschwert sticht die 30 Meter hohe Lichtsäule in den Nachthimmel. Weit mehr als eine reine Landmarke ist dieses Kunstwerk mit dem Titel „Impuls-Bergkamen", ein Teil des Kunstprojekts „Hellweg – ein Lichtweg". Die Skulptur der Künstlerbrüder Maik und Dirk Löbbert wurde im Dezember 2010 auf der Halde installiert. 14.400 LED-Leuchten lassen die Stele im Dunkeln pulsieren und senden so die Botschaft in die Welt, sich zuversichtlich weiterzuentwickeln und neue Wege zu gehen. Für die Künstler ist das Denkmal ein „Ehrenmal für die Bergleute Bergkamens und für alle Kumpel weltweit".

Lichtinstallation „Impuls"

Am Weg

Naturschutzgebiet Beversee

Der Beversee entstand in den 1940er-Jahren durch eine Bergsenkung aufgrund des Bergbaus. Die Senke füllte sich mit dem Wasser des Beverbaches und so entstand der See mehr oder weniger auf natürliche Weise. Um den Wasserstand ständig zu regulieren, gibt es ein großes Pump-

Vögel am Beversee

werk. Bereits 1979 wurde das Gebiet um den Beversee zum Naturschutzgebiet erklärt, heute ist es Bestandteil der Route Industrienatur des Regionalverbands Ruhr. Neben den schützenswerten Pflanzen wie der Gelben Teichrose und der Weißen Seerose, den vielen Röhrichten wie der Sumpf-Schwertlilie, dem Rohr-Glanzgras oder dem Rohrkolben können mehr als 50 Vogelarten im Naturschutzgebiet nachgewiesen werden. Der scheue Eisvogel, die Waldschnepfe oder der Flussregenpfeifer finden hier ebenso Lebensraum wie besondere Fledermausarten, beispielsweise der Große Abendsegler oder die Wasserfledermaus.

Im gesamten Naturschutzgebiet gibt es Bombenkrater aus dem Zweiten Weltkrieg, die ebenfalls mit Wasser gefüllt sind und dem anspruchsvollen Kammmolch und anderen Amphibien als Lebensraum dienen. Kröten, Frösche, Libellen profitieren von den vernetzten Feuchtlebensräumen und dem naturnahen Mischwald mit seinen gelben Schwertlilien und seltenen Orchideenarten.

Tour 14

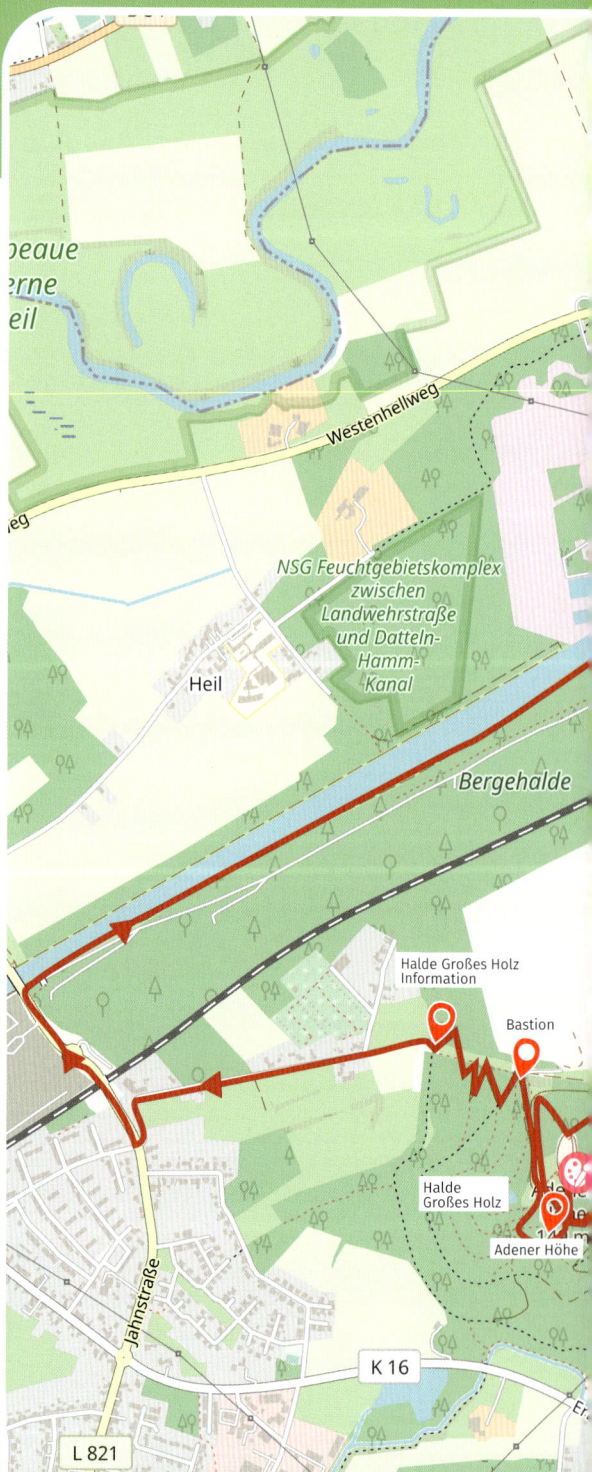

- ▶ Startpunkt
- 📍 Zwischenziel
- Ⓗ Haltestelle
- Ⓟ Parkplatz
- 👁 Aussichtspunkt
- 🍴 Gastronomie
- 🎨 Kunstobjekt
- 🏁 Zielpunkt

Westenhellweg

NSG Feuchtgebietskomplex zwischen Landwehrstraße und Datteln-Hamm-Kanal

Heil

Bergehalde

Halde Großes Holz Information

Bastion

Halde Großes Holz

Adener Höhe

Jahnstraße

K 16

L 821

Westenhellweg

L 736

Westenhellweg

twerk
kamen

Beversee

NSG Beversee

Aussichtsplattform
Beversee

Naturschutzgebiet Beversee

Marina

Bayer AG

Baumplateau

Gartensiedlung

Zeche Grimberg
Schachtanlage
1/2 (aktive
Anlage
zur Wasserhaltung)

Gewerbegebiet
Neu-Monopol

K 16

Nordberg

Stadtpark

ule
"

Ebertstraße

auer-Straße

163

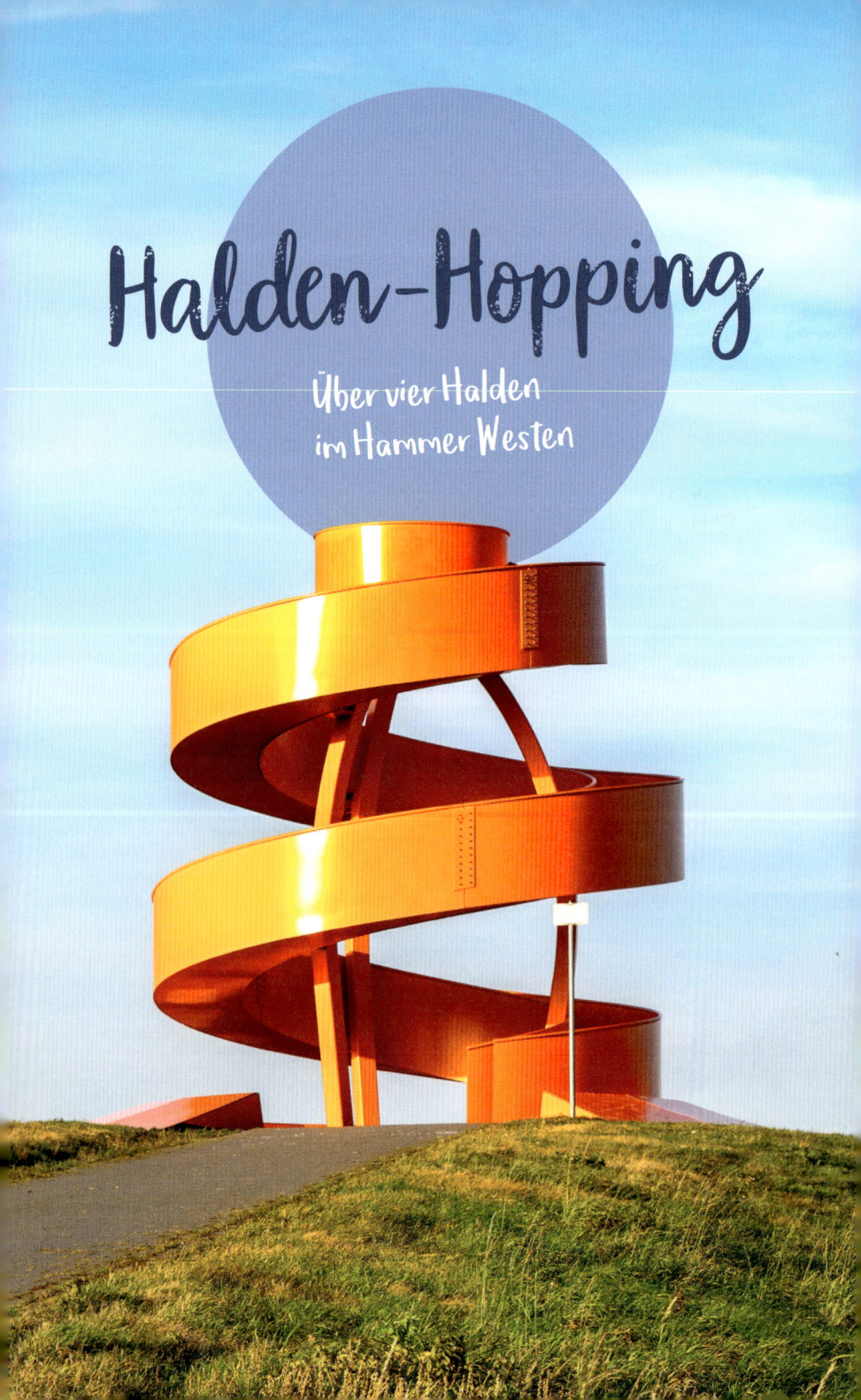

Halden-Hopping

Über vier Halden im Hammer Westen

Viel Neues im Hammer Westen: Wo inmitten der Wohngebiete noch bis Anfang des Jahrtausends riesige Industrieanlagen standen, entwickelt sich eine neue Lebendigkeit mit Kultur und Begegnung. Der unter Bürgerbeteiligung geplante und umgesetzte Lippepark ist der neue Mittelpunkt des Stadtteils, und schon auf den ersten Blick ist erkennbar, dass hier Menschen unterschiedlicher Religionen und Kulturen zusammenleben. Dass dieses Miteinander gegenseitigen Respekt und Toleranz erfordert, dafür werben der Interkulturelle Garten unterhalb der Kissinger Höhe, der Ort der Interreligiösen Begegnung im Lippepark und die Friedensstele auf der Kissinger Höhe. Eine Wanderung der Begegnung also: mit Industrievergangenheit, mit sich neu entwickelnder Natur, mit dem Ausdruck von Menschen, die sich für ihr Viertel und ihre Nachbarinnen und Nachbarn einsetzen. Das Ganze in Orange, das in der Farbpsychologie für Jugend und Lebensfreude steht.

Tour 15

 3:45 Std.   12,7 km   190 Meter

Start/Ziel: Parkplatz am Bürgeramt Herringen, Dortmunder Straße 245, 59077 Hamm
Wegbeschaffenheit: Naturpfade, Schotterwege, Asphalt
Anreise mit ÖPNV: Haltestellen Isenbecker Hof oder Jahnschule

Wegbeschreibung: Gegenüber dem Bürgeramt Herringen

an der Dortmunder Straße starten wir unsere Wanderung im Lippepark. Wir nehmen die Stufen auf den Damm auf der rechten Seite des Parks und verschaffen uns einen Überblick über die neu gestaltete Grünanlage. Wir steuern auf die weithin orange leuchtende Aussichtsplattform zu und gehen, oben angekommen, links an dem „Himmelsspiegel" genannten Teich vorbei und wandern nun auf den Aussichtsturm auf der Halde Franz zu.

Am Weg

Lippepark Hamm

Nachdem der Zechenbetrieb auf Schacht Franz 1994 sein Ende fand, stand man nach dem Abbruch der obertägigen Anlagen 2003 vor einer riesigen Brachfläche mitten in Hamm, umgeben von Wohnsiedlungen. Im Norden schlossen sich die Bergbauflächen der Zeche Radbod an und im Süden die Haldenlandschaft um das Bergwerk Heinrich Robert. Motiviert von dem Slogan „Im Westen was Neues" wurde nicht lange gezögert und mit der Planung eines Freizeitgeländes für die Bevölkerung begonnen. Vor allem Familien, Kinder und Jugendliche sollten außergewöhnliche Sport- und Erholungsflächen bekommen: Natur erleben mitten in der Stadt. Und so wurde die Bevölkerung eingebunden in die Planung. Realisiert wurde eine wunderbare Kombination aus Action, Sport und Erholung: Kinderspielplätze, Ruheorte, Aussichtsplätze, Bergbaulehrpfad, ein Ort der interkulturellen Begegnung, ein Barfußparcours – um nur einige Höhepunkte zu nennen. Der Park ist ein Treffpunkt für Jung und Alt und bietet die perfekte Verbindung zwischen den fünf Halden: Radbod, Franz, Kissinger Höhe, Humbert und Sundern.

Im Lippepark

Der „Himmelsspiegel" auf der Halde Franz

Nach dem Besuch der ebenfalls orangen begehbaren Landmarke verlassen wir die Halde unterhalb des Turms über die Treppe, die hinunter Richtung Kanal führt. Vorher müssen wir noch die Straße überqueren, dann nehmen wir den Fuß- und Radweg, der am Gebäude der DLRG vorbei ans Wasser führt. Dort zweigen wir nach rechts ab.

Hinter dem Yachthafen überqueren wir zunächst den Datteln-Hamm-Kanal und dann die Lippe und wandern auf die Halde Radbod zu. An der Weggabelung wenden wir uns nach rechts. Am Wasser entlang führt der Weg auf eine Schranke zu, vor der wir nach links abbiegen. Rechts kommen die drei Fördertürme der Zeche Radbod in den Blick. An der großen Wegekreuzung gehen wir im spitzen Winkel links wie auf einer Rampe hinauf.

Nachdem wir auch hier den orangen Aussichtsturm erklommen haben, gehen wir ein kurzes Stück abwärts wieder zurück, nehmen nun aber gleich schräg rechts den steilen Weg nach unten. Erst auf der übernächsten Ebene wenden wir uns kurz nach rechts, nur um gleich den Weg nach links bergabwärts zu nehmen. Am Fuß der Halde gehen wir rechts und dann nach links wieder Richtung Lippebrücke.

Am Weg

Halde Radbod

Die Halde Radbod ist die nördlichste der vier Halden im Gebiet der früheren Bergbauflächen in Herringen, Bockum-Hövel und Pelkum. Nördlich von Lippe und Datteln-Hamm-Kanal gelegen, schließt sie den Lippepark in dieser Himmelsrichtung ab. Die Halde ist als Tafelberg angelegt und durch markante Terrassen gekennzeichnet, im Süden folgt ihre Form den mäandernden Alt-Armen der Lippe. Und die naturnahe Auenlandschaft der Alten Lippe ist es auch, welche die Halde zu einer besonderen Naturerfahrung macht. Die Annäherung an die Halde jenseits von Kanal und Lippe und das Wandern durch den Auenwald versetzen in eine meditative Stimmung, die sich bis auf die ausladende Halde hält. Naturbelassen und grün lässt sie sich gut erwandern und bietet Platz für ein ausgiebiges Picknick auf ihrem höchsten Punkt. Gekrönt wird die Halde von der orangen Landmarke auf 81 Metern Höhe, etwa 30 Meter höher als die Umgebung, von wo aus sich der Blick auf den Flusslauf der Alten Lippe und über den Lippepark bis zur Kissinger Höhe im Süden eröffnet.

Die Fördertürme der Zeche Radbod

Auf allen Halden steht die gleiche Landmarke.

Am Weg

Haldenzeichen

Die vier orangen begehbaren Stahlskulpturen stehen als Symbol für den Strukturwandel in der Region und dienen als Aussichtstürme. Von den spiralförmigen und barrierefreien Türmen können die jeweils anderen drei gut ausgemacht werden. Diese Sichtmarken verbinden so die vier Halden optisch miteinander. Auf der Halde Sundern soll das fünfte der Wahrzeichen nach Ende der Bergaufsicht folgen. Die Farbe Orange hatte im Schacht Franz eine besondere Bedeutung: Das „kress" war die Farbe der sechsten und untersten Sohle und wurde so auch zur Leitfarbe des Lippeparks.

In einem der fünf Kreise im Barfußparcours

Nach der Brücke über den Kanal überqueren wir die Straße und gehen gegenüber schräg geradeaus in die sogenannte „Seilfahrt", auf der wir zurück zum Lippepark wandern – auch der Radweg führt über diese Strecke.

Am linken Rand des Parks gehen wir zurück bis zur Dortmunder Straße und dort geradeaus an der Moschee vorbei Richtung Friedhof.

Friedenssymbol im Interkulturellen Garten

Hinter dem Haupteingang des Parkfriedhofes nehmen wir den Weg links zur Halde Kissinger Höhe. An der großen Informationstafel gehen wir links vorbei bis zum Fuß der Halde und wenden uns dort nach rechts. Wir erreichen einen Querweg und biegen links ab. Weiter geht es schräg rechts bergauf auf dem schmalen Pfad. An der Seilscheibe halten wir uns links und nach etwa 100 Metern zweigen wir wiederum auf einen schmaleren Pfad ab, der rechts bergauf führt. Auf diesem überwinden wir die Ebenen und erreichen den Gipfel.

Dort kommen wir an einem kleinen Tümpel vorbei und gelangen kurz danach an eine Wegbiegung, an der wir nach links gehen, um auf die Stadt Hamm hinunter schauen zu können, während wir auf dem Schotterweg Richtung Aussichtsturm weiterwandern. Am Kipplader folgen wir dem geschotterten Weg gegenüber bergauf.

Am Weg

Kissinger Höhe

Die Kissinger Höhe liegt südwestlich der Innenstadt Hamms zwischen Pelkum und Daberg. Sie ist zwischen den Jahren 1974 und 1998 als Schüttung aus dem Bergwerk Ost entstanden. Die Nutzung der Halde als Freizeitraum wurde vor allem als Lauf- und Nordic-Walking Strecke angelegt. Erweitert wird das Angebot durch einen barfußtauglichen Weg auf der zweiten Ebene und einen Bergbaulehrpfad, der sich mit ehemaligen Geräten wie Teufkübel, Seitenkipplader oder Grubenbahn präsentiert.

Mit ihren 112,3 Metern Höhe und einer Höhe von 58 Metern über Umgebungsniveau, die es über drei begrünte Gipfel zu erwandern gilt, bietet sie von dem orangen Turm auf ihrem höchsten Punkt einen beeindruckenden Ausblick in die Umgebung und zu den anderen Halden und ihren Landmarken.

Bergbaulehrpfad auf der Kissinger Höhe

Über Kanal und Lippe zur Halde Radbod

Nach dem Besuch des Gipfels nehmen wir den Pfad, der vom Pick-nick-Platz aus am Schrapper-Gefäß vorbei bis zum Parkplatz führt. Dort wenden wir uns an der Straße nach rechts und gehen vor dem Bergwerk Ost Heinrich Robert nach rechts an einem kleinen Kanal entlang. Am Fuß der Halde Humbert wenden wir uns zunächst nach links, an der Querstraße wandern wir rechts und dann noch einmal rechts. So erreichen wir den Gipfel mit dem vierten orangen Aussichtsturm.

Auf dem gleichen Weg steigen wir wieder hinunter zum Haldenfuß, wo wir uns nach rechts wenden. Bei nächster Gelegenheit gehen wir links und erreichen so außerhalb des umzäunten Geländes eine Kreuzung, an der wir den linken der beiden Wege nehmen, die geradeaus weiterführen. So kommen wir zurück zum Lippepark und zu unserem Ausgangspunkt.

Am Weg

Interkultureller Garten

Unterhalb der Kissinger Höhe liegt der interkulturelle Garten mit seinen fünf Kreisen, die von den Besuchern entdeckt und erfahren werden können. Unterschiedliche Barfußwege laden ein, die Natur mit allen Sinnen zu erspüren, vor allem aber über den Tastsinn der Füße. Die Kreise sind mit verschiedenen Pflanzen aus unterschiedlichen europäischen Regionen bepflanzt und haben so jeder einen eigenen Charakter. Neben dem sinnlichen Erfahren der Natur geht es aber auch hier, wie im Lippepark, um das friedliche Miteinander der Religionen und Kulturen.

Am Weg

Halde Humbert

Die Halde Humbert hat ihren Namen von dem Schacht Humbert, der unter ihr begraben ist – eine Protegohaube kennzeichnet noch heute den Standort des ehemaligen Luftschachtes des Bergwerks Ost. Bereits 1920 wurde mit der Aufhaldung begonnen, die heutige Form als Landschaftsbauwerk erhielt Humbert zwischen den Jahren 2000 bis 2005. Mit einer Ausdehnung von 16 Hektar und der Höhe von 95 Metern und etwa 38 Metern über der Umgebung erinnert ihre Form

Blick auf die
Halde Humbert

an ein Schiff oder ein Bügeleisen, wobei die „Spitze" nach Herringen zeigt. Die Halde ist noch wenig bewachsen und bietet so zu jeder Jahreszeit eine gute Rundumsicht. Auf dem weiten Haldenplateau steht seit 2018 die vierte der orangen spiralförmigen Landmarken.

Der alte Lippearm unter der Halde Radbod

Tour
15

▶ Startpunkt

📍 Zwischenziel

🅿 Parkplatz

Ⓗ Haltestelle

🎨 Kunstobjekt

👁 Aussichtspunkt

🏁 Zielpunkt

Janssenstraße

Wittekindstraße

Am Lausbach

Werne

Mülldeponie Hamm

...mmer Straße

Kreis Unna

Hamm

Am Lausbach

Kläranlage Hamm-West

Gersteinwerk

Lippe

Johan...

L 881

Johannes-Rau-Straße

...rtmunder Straße   K 17

L 736

Holzstraße

Hinweise zum Haldenwandern

Selbstverständlich sind alle Touren in diesem Wanderführer erprobt, und die Wegbeschreibungen und Kartenausschnitte sind so detailliert, dass sie auch ohne technisches Gerät problemlos nachgewandert werden können. Wer zur Sicherheit trotzdem die GPX-Daten herunterladen möchte, findet diese auf der Internetseite des Verlages. Da die vorgestellten Wege in die Natur führen, sind sie der Witterung und damit der Veränderung ausgesetzt. Sollten Sie feststellen, dass irgendwo unüberwindbare Hindernisse entstanden sind oder dass die Wegführungen sich verändert haben, dann sind Autorinnen und Verlag für einen Hinweis sehr dankbar.

Die im Buch vorgenommenen Wegzeitberechnungen orientieren sich an der vom Deutschen Wanderverband und von den Alpenvereinen in Deutschland und Österreich angenommenen Durchschnittsgeschwindigkeit von vier Kilometern pro Stunde im ebenen Gelände.

Bitte beachten Sie, dass es sich bei diesen Angaben um die reine Gehzeit handelt: Auf vielen dieser Touren ist so viel zu sehen, dass Sie auf jeden Fall zusätzliche Zeit einplanen sollten – und entsprechend Proviant. Aus eigener Erfahrung möchten wir dem noch eine kleine Warnung anschließen: Die meisten älteren Halden sind stufenähnlich aufgebaut. Auf diesen unterschiedlichen Ebenen führen Wege um die Berge herum. Zwischen den Stufen gibt es aber nur an wenigen Stellen Verbindungen. Abweichungen von den hier vorgestellten Routen können deshalb die Gehzeit schnell deutlich verlängern.

Alle Strecken in diesem Wanderführer sind unter normalen Umständen ungefährlich und leicht zu gehen. Sie unterscheiden sich trotzdem deutlich in der Länge und in der Beschaffenheit der Wege.

Und übrigens gilt generell: Wandern geschieht immer auf eigene Gefahr.

Die GPX-Daten zu den Touren finden Sie unter
http://www.klartext-verlag.de/gpx-daten

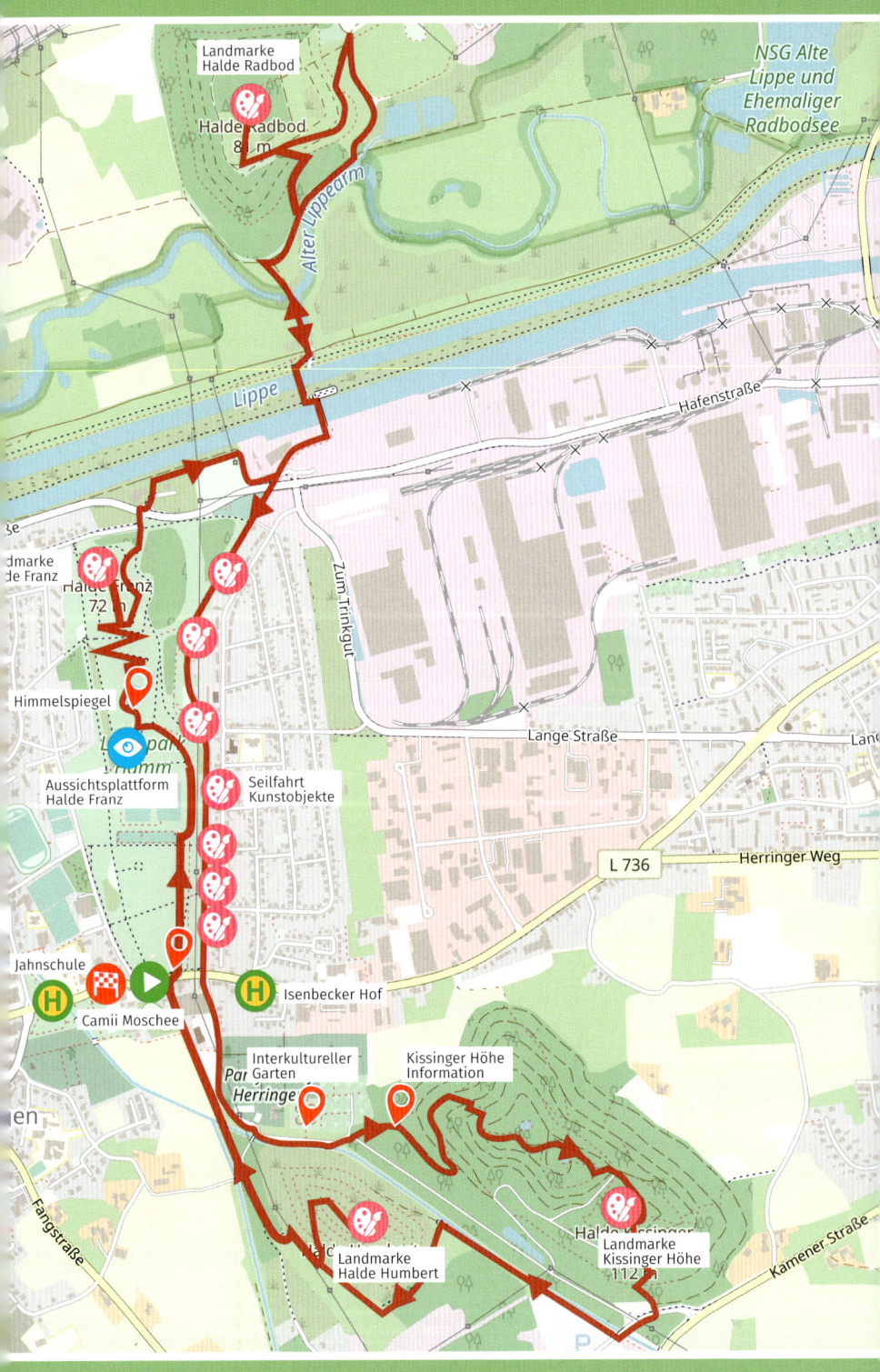

Landmarke
Halde Radbod

Halde Radbod
8. m

NSG Alte
Lippe und
Ehemaliger
Radbodsee

Alter Lippearm

Hafenstraße

Lippe

Zum Trinkgut

Halde Franz
72 m

Himmelspiegel

Lange Straße

Landschaftspark
Hamm

Aussichtsplattform
Halde Franz

Seilfahrt
Kunstobjekte

L 736

Herringer Weg

Jahnschule

Isenbecker Hof

Camii Moschee

Interkultureller
Garten

Kissinger Höhe
Information

Landschaftspark
Herringen

Fangstraße

Landmarke
Halde Humbert

Halde Kissinger
Landmarke
Kissinger Höhe
112 m

Kamener Straße